BUDÔ

Ensinamentos do Fundador do Aikidô

CB134882

BUDÔ

Ensinamentos do Fundador do Aikidô

Morihei Ueshiba

Tradução
PAULO C. DE PROENÇA

Introdução de
KISSHOMARU UESHIBA

Supervisão e orientação do
PROF. WAGNER BULL
Presidente da Confederação Brasileira de Aikidô

EDITORA CULTRIX
São Paulo

Título do original:
Budō: Teachings of the Founder of Aikidō

Copyright © 1991 Kodansha International, Ltd.

Publicado mediante acordo com a Kodansha International, Ltd.

Todos os direitos reservados. Nenhuma parte deste livro pode ser reproduzida ou usada de qualquer forma ou por qualquer meio, eletrônico ou mecânico, inclusive fotocópias, gravações ou sistema de armazenamento em banco de dados, sem permissão por escrito, exceto nos casos de trechos curtos citados em resenhas críticas ou artigos de revistas.

Tradução do japonês para o inglês © 1991 John Stevens.

O primeiro número à esquerda indica a edição, ou reedição, desta obra. A primeira dezena à direita indica o ano em que esta edição, ou reedição, foi publicada.

Edição	Ano
2-3-4-5-6-7-8-9-10	03-04-05-06

Direitos de tradução para a língua portuguesa
adquiridos com exclusividade pela
EDITORA PENSAMENTO-CULTRIX LTDA.
Rua Dr. Mário Vicente, 368 — 04270-000 — São Paulo, SP
Fone: 272-1399 — Fax: 272-4770
E-mail: pensamento@cultrix.com.br
http://www.pensamento-cultrix.com.br
que se reserva a propriedade literária desta tradução.

Impresso em nossas oficinas gráficas.

SUMÁRIO

PREFÁCIO À EDIÇÃO EM PORTUGUÊS

Há mais de uma década a Editora Pensamento publicou o livro de minha autoria, *Aikidô: o Caminho da Sabedoria*, trazendo, pela primeira vez ao país, de maneira abrangente, informações gerais sobre a arte do Aikidô. Em função do interesse dos leitores, alguns anos mais tarde foi lançado o livro do filho do fundador, Kisshomaru Ueshiba, *O Espírito do Aikidô*, uma das mais importantes obras sobre o assunto. Com a presente tradução de *Budô*, que foi escrito pelo próprio fundador do Aikidô, o público amante deste caminho de iluminação espiritual encontra a palavra viva e pura da fonte, sendo portanto imprescindível em termos de leitura para os atuais e futuros praticantes brasileiros desta arte marcial, cujo número cresce enormemente dia a dia.

É importante o leitor lembrar que este livro foi escrito antes da guerra, quando o Sensei chegava aos 50 anos, portanto, com todo o seu vigor físico e marcial que é revelado pelas técnicas enfatizando as linhas diagonais, que produzem desequilíbrio e contundência. O caminho do Aikidô, conforme concebido originalmente, surgiu em 1942, depois que o seu fundador se retirou para Iwama, após profunda reflexão. Tanto tecnicamente como espiritualmente porém, as sementes da arte estão claramente demonstradas neste livro, que ora está à disposição do leitor em língua portuguesa.

O Aikidô cresce no mundo todo de uma maneira espantosa. A razão disto é que os povos estão percebendo que o desenvolvimento tecnológico e científico, se trouxe muito conforto e progresso material, pouco resolveu a questão de deixar o homem mais tranqüilo e mais feliz. Muito pelo contrário. Desta forma, a proposta do Aikidô em fazer com que os praticantes aprendam a conhecer melhor suas verdadeiras inclinações naturais, aumentando sua percepção das leis universais e divinas da Natureza, chega em boa hora no sentido de ser mais uma poderosa ferramenta para que o homem descubra quem ele é, podendo assim cumprir sua missão nesta Terra e, em harmonia com o Cosmos, reverberar adquirindo conhecimento autêntico, justiça, equilíbrio, estética, amor e sentir-se realmente feliz e grato.

Wagner Bull

PARTE I

INTRODUÇÃO

por Kisshomaru Ueshiba

A Vida de Morihei Ueshiba

Morihei Ueshiba nasceu no dia 14 de dezembro de 1883 em Tanabe, província de Wakayama. Ele foi o quarto e mais velho filho de Yoroku Ueshiba, um próspero fazendeiro, que possuía dois hectares de terra nativa. Seu pai era um membro muito respeitado na comunidade local, servindo como conselheiro do vilarejo por vinte anos, enquanto sua mãe, Yuki Itokawa, vinha de uma família de proprietários de terra de descendência nobre.

Por volta dos sete anos, Morihei foi enviado a Jizodera, um templo budista da seita Shingon próximo de sua cidade, para estudar os clássicos de Confúcio e as escritas budistas. Cativado pelas narrativas miraculosas contadas sobre o santo budista Kôbo Daishi, ele começou a sonhar repetidamente com o que ouvia, o que causou certa apreensão a seu pai. Yoroku, no entanto, o encorajou a praticar mais atividades físicas, ensinando-lhe sumô e natação.

Morihei formou-se pela Escola Elementar de Tanabe, e foi admitido na recém-fundada Escola Secundária do Distrito de Tanabe, aos 13 anos de idade. Entretanto, abandonou o colégio antes mesmo de se formar, indo para o Instituto Yoshida Abacus. Obtendo seu diploma, conseguiu um emprego no Departamento de Impostos de Tanabe, onde uma de suas atividades incluía a avaliação de impostos prediais e territoriais.

Morihei demitiu-se de seu emprego no Departamento de Impostos em 1902, após se juntar a um movimento popular contra a nova legislação pesqueira, indo a Tóquio com o objetivo de recomeçar novamente como homem de negócios. Por algum tempo, trabalhou como funcionário do distrito comercial de Nihombashi, morando no local do emprego, antes de iniciar seu próprio negócio, uma companhia de suprimentos para escritórios e escolas, a Ueshiba Trading. O mais importante é que, durante essa primeira estada em Tóquio, Morihei começou os estudos de artes marciais, aprendendo os tradicionais *ju-jutsu* e *kenjutsu.* Mais tarde, no mesmo ano, contraiu beribéri e foi forçado a sair de Tóquio. Logo após seu retorno a Tanabe, casou-se com Hatsu Itokawa (nascida em 1881), a quem conhecia desde a infância.

Em 1903, Morihei alistou-se no 37º Regimento da Quarta Divisão de Osaka, onde foi apelidado de "o Rei dos soldados" por sua habilidade com a baioneta, por seu árduo trabalho e grande honestidade. No ano seguinte ao início da guerra russo-japonesa, Morihei foi enviado à frente de batalha como cabo e, ao retornar, foi promovido ao posto de sargento, em reconhecimento à sua bravura e valentia no campo de batalha. Durante os períodos livres de sua vida militar, Morihei continuou a praticar artes marciais, ingressando no dojô de Masakatsu Nakai em Sakai, onde aprendeu Yagyu-*ryu ju-jutsu* na escola Gotô.

Em 1907 Morihei foi dispensado do exército e voltou a Tanabe, onde trabalhou na fazenda da família e participou da vida política da vila, tornando-se o líder da Associação dos Jovens local.

Durante esse período, seu pai propôs ao *judoka* Kiyoichi Takagi, então em visita a Tanabe, que fosse professor de Morihei, transformando o depósito da fazenda em dojô. Foi então que Morihei aprendeu o estilo Kodokan de *judô*. Continuou também a freqüentar o dojô de Nakai, recebendo o certificado da escola Gotô.

Morihei continuou em Tanabe pelos próximos três anos, envolvendo-se em diversas atividades locais. Em 1910 (ano em que sua filha mais velha, Matsuko, nasceu), Morihei interessou-se por um plano governamental para povoar a ilha de Hokkaido, situada ao norte do Japão. Decidiu então formar um grupo de colonização, requisitando voluntários da Associação dos Jovens local. Tornou-se líder do grupo Kishu, formado por cinqüenta e quatro famílias (mais de oitenta pessoas) e, em março de 1912, partiram de Tanabe em direção a Hokkaido. Chegaram em maio, estabelecendo-se em Shirataki, próximo ao vilarejo de Yobetsu, local escolhido por Morihei em uma visita anterior à ilha.

Essa área, onde ainda hoje se situa o vilarejo de Shirataki, era então um terreno selvagem, o que obrigou os colonizadores a lutar muito contra as condições dificílimas de clima e solo até conseguir deixá-lo em condições para cultivo.

Apesar de tudo, o grupo Kishu obteve sucesso implementando diversas atividades, como o cultivo de menta, a criação de cavalos, a produção de leite e também abertura de uma indústria madeireira. Morihei fez mais do que o possível para assegurar o sucesso dessas empreitadas, e iniciou vários outros projetos, incluindo a construção de uma rua comercial em Shirataki, melhoramentos nas moradias e a fundação de uma escola primária. Foi durante esse tempo em Hokkaido que Morihei, quando se hospedava em uma pensão em Engaru, conheceu Sokaku Takeda, o então famoso mestre de Daito-*ryu*. Treinou intensamente com Takeda, obtendo o certificado de formatura em Daito-*ryu ju-jutsu*.

Devido à expansão da indústria madeireira, Shirataki estava se tornando rapidamente uma cidade econômica e comercialmente próspera. Mas em 23 de maio de 1917, Shirataki foi completamente destruída por um grande incêndio. Na primavera seguinte, Morihei, membro do conselho do vilarejo, dedicou-se totalmente à reconstrução do local. Em julho do mesmo ano, o filho mais velho de Morihei, Takemori, nasceu.

Em meados de novembro de 1919, Morihei ficou muito abalado ao receber a notícia de que seu pai estava gravemente doente. Deixou então Hokkaido para retornar a Tanabe, encerrando após oito anos seu período em Shirataki.

Em sua viagem de volta, soube que o líder da nova e crescente religião Omoto-kyo, Onisaburo Deguchi, famoso por suas técnicas de meditação *chinkon kishin* (acalmar o espírito e retornar ao divino), residia nas proximidades de Ayabe. Morihei decidiu visitá-lo, continuando em Ayabe até 28 de dezembro. Fez um pedido a Onisaburo para que orasse por seu pai, mas Onisaburo respondeu, "Seu pai está bem como está", palavras que marcaram profundamente Morihei.

Yoroku Ueshiba veio a falecer em 2 de janeiro de 1920, com a idade de 76 anos. Sua morte causou grande impacto em Morihei e, após uma fase de instabilidade emocional, decidiu mudar-se para Ayabe, em busca de uma vida mais espiritual, sob a supervisão de Onisaburo Deguchi. Conseguiu uma casa, atrás da escola primária, no local sagrado da Omoto-kyo, e nela viveu nos oito anos seguintes, até mudar-se para Tóquio, em 1928.

Durante todo esse tempo, gozou da confiança absoluta de Onisaburo, tomando parte em várias práticas espirituais da seita. Tam-

Morihei, com a idade de trinta e oito anos, em frente ao seu primeiro *dojô*. Em 1920, Morihei e sua família mudaram-se para a sede da seita Omoto-kyo em Ayabe (próximo a Kioto). Ali foi fundada a Academia Ueshiba, com Morihei ensinando Daito-*ryu aiki ju-jutsu* a seguidores da Omoto-kyo.

bém com o apoio de Onisaburo, Morihei converteu parte de sua casa em um dojô, com dezoito tatamis, e abriu a Academia Ueshiba, onde ensinou cursos introdutórios de artes marciais, na maior parte para seguidores da seita Omoto-kyo. Infelizmente, o primeiro ano de Morihei em Ayabe foi marcado por outra tragédia pessoal: perdeu seus dois filhos por doença. Takemori faleceu em agosto, com três anos de idade, e, em setembro, seu segundo filho, Kuniharu, veio a falecer, com um ano de idade.

Morihei (no centro) trabalhando na plantação orgânica do quartel-general da Omoto-kyo. Durante toda a sua vida, Morihei sempre teve paixão pelo campo. Ele acreditava que havia uma afinidade especial entre o *budô* e a agricultura, duas atividades que mantêm a vida e estimulam uma vida pura e pensamentos elevados.

No ano seguinte à mudança de Morihei para Ayabe, os ensinamentos fornecidos na Academia Ueshiba aumentaram gradualmente, tanto em habilidade e alcance como em espiritualidade, e os rumores de que havia um excepcional mestre em artes marciais morando em Ayabe começaram a se espalhar. O número de não-seguidores da Omoto-kyo que ingressavam na Academia Ueshiba começou a crescer, e muitos marinheiros da base naval de Maizuru, que ficava nas proximidades, começaram a treinar ali.

Em 11 de fevereiro de 1921, as autoridades repentinamente invadiram a sede da seita, o que ficou conhecido como o Primeiro Incidente Omoto, prendendo várias pessoas, inclusive Onisaburo. Por sorte, o incidente não afetou em nada a Academia Ueshiba. Mil novecentos e vinte e um foi também o ano de meu nascimento.

Nos dois anos seguintes, Morihei tentou ajudar Onisaburo, que havia sido posto em liberdade condicional, a reconstruir a seita Omoto-kyo. Ele assumiu a administração de novecentos *tsubo* de terra em Tennodaira, na qual trabalhou enquanto continuava ensinando na Academia Ueshiba. Dessa maneira, foi capaz de compreender, no dia-a-dia, a existência de uma união essencial entre as artes marciais e a agricultura, algo que estava dentro de seu coração e se tornaria um tema constante em toda a sua vida.

Por volta dessa época, a prática de Morihei das artes marciais começou gradualmente a adquirir um caráter mais espiritual, na medida em que ele se envolveu cada vez mais nos estudos do *kotodama.* Isso o levou pouco a pouco a se libertar das práticas convencionais do Yagyu-*ryu* e Daito-*ryu ju-jutsu* e a desenvolver um estilo próprio, usando e aplicando os princípios e técnicas em conjunto, para quebrar as barreiras entre mente, espírito e corpo. Em 1922, essa aproximação mais tarde foi chamada de "*aiki-bujutsu*", mais conhecida pelo público em geral como Ueshiba-*ryu aiki-bujutsu.*

Em 1924, Morihei embarcou numa aventura que se revelaria crucial para seu desenvolvimento espiritual. No dia 13 de fevereiro, partiu secretamente de Ayabe com Onisaburo, em direção à Manchúria e à Mongólia, em busca de um local sagrado, onde pudessem estabelecer um novo governo mundial baseado em conduta e princípios religiosos. No dia 15, chegaram a Mukden, onde se encontraram com Lu Chang K'uei, um famoso déspota da Manchúria. Juntamente com Lu, lideraram o Exército Autônomo do Noroeste (também conhecido como Exército para a Independência da Mongólia), no interior do

Em 1924, Morihei acompanhou Onisaburo Deguchi na Grande Aventura da Mongólia. Com a esperança de criar um novo "paraíso na Terra" na Mongólia, Onisaburo e seu grupo conseguiram chegar à fronteira da região remota da Mongólia, onde foram aprisionados por um déspota chinês, que ameaçou executá-los. Essa fotografia mostra o grupo com os pés acorrentados, antes de sua libertação pelos membros do consulado do Japão. Morihei, o terceiro da esquerda para a direita, de pé ao lado de Onisaburo, aparentemente também está acorrentado nos braços.

O fundador numa peregrinação ao local sagrado da cachoeira de Nachi, em Kumano. Morihei foi profundamente afetado após deparar várias vezes com a morte durante a Grande Aventura da Mongólia, e, ao retornar ao Japão, intensificou sua busca do verdadeiro significado do Budô. Freqüentemente se isolava nas montanhas, para praticar disciplina ascética, como se vê nesta foto, e aos quarenta e dois anos, Morihei passou por uma profunda experiência de iluminação que o tornou invencível como praticante das artes marciais.

Morihei e Onisaburo cercados por um grupo de seguidores da seita Omoto-kyo. Extremamente dotados tanto quanto excêntricos, Morihei e Onisaburo foram dois dos maiores visionários de todos os tempos.

país. Nessa época, foi dado a Morihei o nome chinês de Wang Shou Kao. Entretanto, essa expedição foi malfadada; seus integrantes foram vítimas de um complô armado por um outro déspota, chamado Chang Tso Lin, e quando chegaram a Baian Dalai, em 20 de junho, viram-se cercados pelo exército chinês, que esperava para prendê-los. Morihei, Onisaburo e outros quatro foram sentenciados à morte. Afortunadamente, momentos antes da execução, um membro do consulado do Japão interveio, assegurando sua liberação e retorno seguro e imediato ao Japão.

Morihei retornou à sua vida normal, unindo a prática de artes marciais e a agricultura, ensinando na Academia Ueshiba e trabalhando na fazenda em Tennodaira. Interessou-se por *sojutsu* (técnicas com lança) e continuou a praticar intensamente técnicas com espadas e *ju-jutsu.* Claramente, as coisas já não eram mais as mesmas.

A expedição à Manchúria e Mongólia o afetou profundamente, particularmente por suas experiências de confronto, sob fogo de artilharia, com a morte, nas quais descobriu que conseguia ver os rastros luminosos dos tiros, descobrindo o caminho de onde vinham. A descoberta deste sentido de intuição foi uma imensa experiência para Morihei que, após retornar ao Japão, freqüentemente se deparou com situações nas quais sentiu a mesma manifestação dessa força espiritual.

Na primavera de 1925, Morihei se encontrou com um oficial naval e mestre de *kendô.* Aceitou o desafio do oficial e o derrotou sem lutar, conseguindo simplesmente sentir de que direção os golpes estavam vindo antes que o oficial pudesse tocá-lo com o "bokken" (espada de madeira).

Imediatamente após esse encontro, foi lavar-se num poço próximo, onde sentiu uma serenidade completa de corpo e espírito. De repente sentiu que estava se banhando numa luz dourada que vinha do céu. Foi uma experiência sem igual para ele, uma revelação na qual sentiu-se renascer, transformando seu corpo e sua mente em ouro. Ao mesmo tempo a união de seu ser com o universo tornou-se clara para ele, compreendendo assim um por um os outros princípios filosóficos nos quais o Aikidô se baseia. Também foi dessa maneira que entendeu ser melhor dar o nome à sua criação de *aiki-budô*, ao invés de *aiki-bujutsu.* (A substituição de *dô* por *jutsu* muda o sentido da arte marcial *aiki* para o caminho marcial de *aiki.*)

Com maior divulgação, o *aiki-budô* atraiu um grande número de seguidores ilustres, incluindo o Almirante Isamu Takeshita. No outono de 1925, Morihei foi convidado a visitar o Almirante em Tóquio. Hospedou-se na residência do ex-Primeiro Ministro, Gombei Yamamoto, onde deu uma demonstração de arte marcial para várias autoridades, deixando a todos muito impressionados. Morihei também ensinou artes marciais por vinte e um dias no Palácio da Coroa do Principado.

A convite do Almirante Takeshita, retornou a Tóquio na primavera de 1926. Deu aulas na Corte Imperial e no Ministério da Família Imperial, treinando tanto elementos da marinha e do exército como pessoas que trabalhavam com empresas do ramo financeiro. A permanência de Morihei em Tóquio foi por demais prolongada, mas no verão daquele mesmo ano adoeceu com um problema intestinal e foi forçado a retornar a Ayabe para repousar.

Em fevereiro de 1927, ao receber novo convite do Almirante Takeshita, sentiu que não teria outra alternativa senão deixar Ayabe pela terceira vez. Com a bênção de Onisaburo, mudou-se permanentemente para Tóquio, canalizando todas as suas energias para estabelecer-se como um mestre em artes marciais na capital.

Após dois anos em acomodações temporárias, mudou-se para uma casa próxima ao templo de Sengaku em Kuruma-cho, onde converteu dois quartos, de oito tatamis cada, em um *dojô*. Seus alunos incluíam Isamu Fujita, Shoyo Matsui e Kaisan Nakazato e também o ator de kabuki Kikugoro Ennosuke VI.

Em 1930, ao conseguir uma casa maior nos subúrbios de Ushigome, Wakamatsu-cho, iniciou a construção de seu novo *dojô*. Em outubro de 1930, enquanto os trabalhos estavam começando, instalou um *dojô* temporário em Mejirodai, onde recebeu a visita de Jigoro Kano, o fundador do *judô* e chefe do Kodokan. Kano ficou impressionado pelas técnicas de Morihei, elogiando-o muito e dizendo, "Esse é meu *budô* ideal". Kano enviou, mais tarde, dois de seus alunos, Jiro Takeda e Minoru Mochizuki, a fim de serem treinados por Morihei.

Outra visita inesquecível foi a do major-general Makoto Miura, em 1930. O general, incrédulo com o novo *budô* criado por Morihei, visitou o novo *dojô* com o objetivo único de derrotá-lo. Morihei superou completamente a expectativa de Miura, que acabou inscrevendo-se como aluno na mesma hora. Logo em seguida, a pedido do major-general, Morihei tornou-se instrutor na Academia Militar de Toyama.

Em abril de 1931, um novo *aiki-budô dojô* em grande escala com oitenta tatamis, inaugurado como Kobukan, passou a funcionar em Wakamatsu-cho, no mesmo local onde se localiza o *dojô* principal nos dias de hoje. Muitos alunos se matricularam, incluindo Hisao Kamata, Hajime Iwata, Kaoru Funabashi, Tsutomu Yugawa e Rinjiro Shirata e, nos dez anos seguintes, o *aiki-budô* teve sua primeira fase dourada. Ao mesmo tempo, o Kobukan era popularmente conhecido como o "*dojô* do inferno", pela intensidade extraordinária de treinos que aconteciam ali.

Morihei com o grupo inicial de discípulos que viviam no Kobukan. O Kobukan, aberto em 1931 em Tóquio, atraiu de todo o país muitos alunos jovens de talento. No entanto, o que a foto não mostra é a existência de várias praticantes femininas excelentes, nos primórdios do Kobukan.

Esses dez anos foram extremamente movimentados para Morihei. Agora já não era instrutor somente do Kobukan, mas de muitos outros *dojôs* abertos em Tóquio e Osaka. O *dojô* principal era o Otsuka Dojô, em Koishikawa (patrocinado por Seiji Noma, chefe administrativo do Kodansha), o Fujimi-cho Dojô, em Iidabashi e, em Osaka, o Sonezaki Dojô, o Suida Dojô e o Chausuyama Dojô. Os *ushi-deshi* (estudantes que moravam no *dojô*) mais destacados nessa época eram Shiguemi Yonekawa, Zenzaburo Akazawa, Gozo Shioda e Tetsumi Hoshi.

Sob recomendação de um dos seguidores, Kenji Tomita, chefe da Polícia Municipal de Osaka e mais tarde secretário chefe do gabinete do governador da Prefeitura de Nagano, Morihei também iniciou cursos nas delegacias de polícia na área de Osaka. Ao mesmo tempo, envolveu-se cada vez mais com o ensino no Jornal de Asahi em Osaka e, através do Clube Industrial do Japão, teve muitas oportunidades de ensinar pessoas da área de finanças.

Em 1932, a Associação para Promoção das Artes Marciais Japonesas foi fundada, e em 1933 Morihei tornou-se seu presidente. Em maio de 1933, uma academia de treino em horário integral, chamada Dojô Takeda, foi montada na Prefeitura de Hyogo. Dezenas de estudantes se mudaram para lá, colocando em prática o ideal de Morihei de unir artes marciais e agricultura.

Por volta de 1935, Morihei se tornou muito famoso em todo o mundo das artes marciais. Mais do que pela sua mestria em várias artes marciais japonesas, virou alvo de atenção pública pela notável natureza de sua criação, “a união do espírito, da mente e do corpo” em *aiki*, previamente chamada de *aiki-budô*. Durante esse período, Morihei estava praticando *kendô* incessantemente no Dojô Kobukan, e vários dos praticantes de *kendô* freqüentavam seu *dojô*, entre eles Kiyoshi Nakakura, que mais tarde se tornaria genro de Morihei.*

Em setembro de 1939, Morihei foi convidado a ir à Manchúria para participar de uma exibição de artes marciais. Lá enfrentou o ex-lutador de sumô Tenryu, imobilizando-o com um dedo. Morihei continuou suas visitas à Manchúria mesmo após o início da Guerra do Pacífico, atuando como conselheiro em várias instituições, incluindo a Universidade de Kenkoku, com a qual se envolveu imensamente. Sua última visita à Manchúria foi em 1942, quando participou das comemorações do décimo aniversário da fundação de Manchukuo, patrocinado pelo governo do Japão, a convite da Grande Associação de Artes Marciais, e deu uma demonstração de artes marciais, na presença do Imperador Pu'Yi.

Em 30 de abril de 1940, foi concedido ao Kobukan o *status* de fundação, incorporada ao Ministério da Saúde e Previdência. O pri-

Morihei com aproximadamente cinqüenta anos. Nessa época, era conhecido em todo o país como o melhor artista marcial do país.

---

* Nessa época, foi feito um filme documentário com Morihei realizando técnicas velozes e eficientes marcialmente. Esse filme pode ser adquirido nas casas especializadas. Ele dá uma visão clara das técnicas adotadas nesse período. (Nota do supervisor da tradução.)

Morihei com Kiyoshi Nakakura, por volta de 1933. Nakakura, genro de Morihei, foi inicialmente um espadachim. Após sua saída do Kobukan, Nakakura tornou-se o maior mestre de *kendô* do Japão. Hoje, com quase oitenta anos de idade, Nakakura ainda continua em atividade como competidor de kendô.

Morihei em 1940, aos cinqüenta e sete anos, fotografado durante uma visita à Manchúria.

meiro presidente da fundação foi o Almirante Isamu Takeshita. No mesmo ano, a academia de polícia em que Morihei dava cursos adotou o *aiki-budô* como uma disciplina curricular oficial.

Com o início da Guerra do Pacífico, um após o outro, os estudantes do *dojô* de Tóquio foram enviados ao fronte. Eu era então um estudante no Colégio da Universidade de Waseda, e juntamente com Kisaburo Ozawa e outros estudantes jovens de aikidô, foi-me dada a responsabilidade de manter o *dojô*.

Em 1940, o *aiki-budô* foi incorporado na Butokukai (um órgão governamental unindo todas as artes marciais em uma só organização). Morihei nomeou Minoru Hirai para representar e dirigir o Kobukan no Setor Aiki do Butokukai. Foi nessa época que pela primeira vez o nome aikidô começou a ser usado.

Em reação à natureza das novas mudanças de última hora, feitas numa época de emergência, reduzindo o aikidô a apenas um setor do Butokukai, Morihei restabeleceu as bases da organização do aikidô na Prefeitura de Ibaragi a fim de preservar o espírito do *budô,* que havia sido criado para as futuras gerações. Ao me encarregar do *dojô* de Wakamatsu-cho, Morihei mudou-se para Iwama com sua esposa, vivendo modestamente em um depósito convertido em residência até após o final da guerra*.

Em Iwama, Morihei iniciou a construção do que ele chamou *ubuya* (sala de nascimento), ou local secreto, sagrado do aikidô: um complexo incluindo o Santuário Aiki e um *dojô* ao ar livre. O local sagrado do Aiki, onde existem desenhos magníficos entalhados em madeira, foi completado em 1944; o Aiki Dojô, agora conhecido como o Dojô de Ibaragi Anexo do Santuário Aiki, foi concluído em 1945, pouco antes do final da guerra.

Quarenta e três divindades são homenageadas no Santuário Aiki como deuses guardiões do Aikidô. Morihei planejou ele mesmo todas as disposições e limites do Santuário Aiki, seguindo os princípios do *kotodama.* Por exemplo, o prédio principal, o salão para orações, o

Nos estágios iniciais da Segunda Guerra Mundial, os conselhos de Morihei foram muito procurados por líderes militares e primeiro-ministros, mas logo os massacres e carnificinas o deixaram emocionalmente e fisicamente doente. Em 1942, Morihei repentinamente desligou-se de todas as suas atividades militares e retirou-se com sua esposa para uma pequena cabana nas florestas de Iwama, Prefeitura de Ibaragi (à esquerda). Ali trabalhou na fazenda e iniciou a construção do Santuário Aiki (à direita). Em 1942, durante o período mais sombrio da história humana, Morihei foi levado a chamar o sistema de sua criação de aikidô, "O Caminho da Harmonia e do Amor".

---

* Hoje se sabe que a razão da ida de Morihei para Ibaragi ocorreu devido à perseguição aos líderes da Seita Omoto, que sofria a intervenção do governo central. Morihei só não foi preso, como os outros líderes, porque foi protegido, conforme boatos, por seu aluno Kenji Tomita, que era importante elemento da polícia. (Nota do supervisor da tradução).

torii, e todo o traçado, seguem a lei dos três princípios universais, isto é, o triângulo, o círculo e o quadrado, símbolos dos exercícios de respiração, nos estudos do *kotodama.* "Quando o triângulo, o círculo e o quadrado são unidos em uma rotação esférica, o resultado é um estado de perfeita clareza. Essa é a base do aikidô", explicou Morihei.

Durante o período da guerra, lutei muito para preservar o Dojô Kobukan, apesar de a situação piorar cada vez mais e dos bombardeios constantes de Tóquio pela força aérea dos Estados Unidos. O *dojô* escapou ileso, mas após a guerra foi usado como abrigo para mais de trinta famílias de desabrigados, o que impossibilitava a continuação das aulas no local. Por essa razão, o quartel-general do aikidô foi transferido para Iwama, onde Morihei continuava a viver pacificamente, trabalhando na fazenda e ensinando jovens das áreas vizinhas.

Com o final da guerra, as artes marciais sofreram um declínio por algum tempo, fazendo com que a existência do aikidô no futuro fosse duvidosa. No entanto, Morihei tinha muita fé no novo aikidô, o que nos fez trabalhar todos juntos para colocá-lo de volta em seu devido lugar no Japão do pós-guerra. Quando parecia que a confusão prevalecia em conseqüência dos desastres deixados pela guerra, foi decidido mudar novamente o quartel-general do aikidô para Tóquio. No dia 9 de fevereiro de 1948, o Ministério da Educação deu

Morihei orando pela paz mundial durante uma cerimônia marcando o início do ano novo. Morihei foi freqüentemente descrito como o homem mais religioso do Japão. Em seus últimos anos de vida, Morihei passou a maioria de seu tempo em estudos, orações e meditação.

Morihei, com sessenta e oito anos de idade, posando (à esquerda) para um retrato estilizado representando-o como um deus xintoísta. Morihei é retratado como um espírito guardião xintoísta musculoso, possuindo três tesouros sagrados: a espada pacificadora, o espelho da iluminação e a jóia da perfeição (sua barriga redonda).

permissão para o restabelecimento do Aikikai, com reservas. Durante esse tempo, o *dojô* principal em Tóquio era chamado o Dojô Ueshiba e Quartel-General Mundial do Aikidô.

Após o estabelecimento do Aikikai, foi-me dada a responsabilidade de consolidar a organização já existente e planejar seu desenvolvimento no futuro. Durante esse tempo, Morihei continuou em Iwama, absorvido na contemplação da prática das artes marciais.

De 1950 em diante, Morihei reiniciou suas viagens pelo Japão em resposta a convites para ensinar, dar cursos e demonstrações. Ao chegar à idade de 70 anos, sua técnica soberba fluía progressivamente de sua imensidão espiritual, em contraste com a ferocidade e força física que caracterizaram seus anos anteriores. Agora empregava mais a natureza do amor do aikidô. (O primeiro caractere "*ai*", que quer dizer harmonia, é lido da mesma forma que o caractere que quer dizer amor. Em seus últimos anos, Morihei sempre enfatizou a equivalência desses dois significados.)

Em 1954, o quartel-general do aikidô foi transferido para Tóquio, e ao *dojô* de Tóquio foi dado o título oficial de Fundação Aikikai: o Hombu Dojô do Aikidô. Em setembro de 1956, o Aikikai deu pela primeira vez em público uma demonstração de artes marciais desde o final da guerra, na cobertura da loja de departamentos Takashimaya, em Nihombashi, Tóquio. A apresentação durou cinco dias, causando ótima impressão em todas as autoridades estrangeiras presentes. Morihei foi sempre duramente contra dar demonstrações em público, mas compreendeu que o Japão entrara numa nova era e acabou por consentir, a fim de promover o desenvolvimento do aikidô.

À medida que o aikidô foi se popularizando, o número de estudantes em todo o mundo aumentou rapidamente. Mesmo no Japão, novos *dojôs* foram abertos por todo o país, e o aikidô foi difundido nas universidades, órgãos do governo e companhias, anunciando sua segunda era de ouro.

Conforme envelhecia, Morihei tornou-se menos ativo na direção do Aikikai, deixando-me encarregado da manutenção e instrução do Hombu Dojô. Mesmo assim, continuava a dar demonstrações, e em janeiro de 1960, a NTV transmitiu "O Mestre do Aikidô", um programa que captou as técnicas do fundador em filme.

Em 14 de maio de 1960, uma demonstração de aikidô foi patrocinada pelo Aikikai em Shinjuku, Tóquio. Nessa ocasião, Morihei causou enorme efeito em todos os espectadores, com uma apresentação chamada de "A Essência do Aikidô".

Mais tarde, no mesmo ano, Morihei, juntamente com Yosaburo Uno, um décimo *dan* de *kyudô*, recebeu o prêmio *Shijuhoshô*, pelo imperador Hirohito. Somente a três pessoas do mundo, das artes marciais de todo o mundo, foi concedido esse prêmio antes: ao mes-

Morihei, aos setenta anos de idade, treinando numa cachoeira com seu filho, Kisshomaru. Durante toda sua carreira, Morihei esteve constantemente expandindo e refinando sua arte. "Este velho ainda deve treinar e treinar", dizia ele, pouco antes de sua morte.

Aqui Morihei executa um golpe: “Aikidô é o princípio da não-resistência.”

tre de *judô* Kyuzo Mifune e aos mestres de *kendô,* Kinnosuke Ogawa e Seiji Mochida.

No dia 28 de fevereiro de 1961, Morihei viajou aos Estados Unidos, convidado pelo Aikikai do Havaí. Durante essa visita, o fundador declarou o seguinte:

> Vim ao Havaí para construir uma “ponte prateada”. Até hoje fiquei no Japão, construindo uma “ponte dourada” para unir o Japão mas, de agora em diante, meu desejo é construir uma ponte para ligar diferentes países do mundo na harmonia e no amor contidos no aikidô. Penso que o *aiki*, produto das artes marciais, pode unir todas as pessoas do mundo em harmonia, no verdadeiro espírito do *budô*, abraçando a todo o mundo em um amor único e igual.

No dia 7 de agosto de 1962, um grande festival foi celebrado no Santuário Aiki em Iwama, para festejar o sexagésimo aniversário de Morihei como praticante das artes marciais e, em 1964, ele recebeu um prêmio especial do imperador Hirohito, em reconhecimento à sua contribuição para as artes marciais.

A cerimônia do início da construção do novo Hombu Dojô em Tóquio foi realizada em 14 de março de 1967. No mesmo dia, Morihei celebrou a primeira cerimônia para a colheita do ano novo em Iwama. Em 25 de dezembro do mesmo ano, o novo *dojô*, um prédio moderno com três andares feito de concreto, foi concluído. Um dos quartos foi usado pelo fundador como dormitório e local de estudo, e é conhecido atualmente como o Quarto dos Materiais do Fundador.

Em 12 de janeiro de 1968, uma cerimônia comemorativa foi realizada em homenagem à conclusão da obra do novo Hombu Dojô, e Morihei falou sobre a importância da essência das técnicas do aikidô. Mais tarde nesse ano, Morihei daria a sua última demonstração de aikidô, no Kokaido em Hibiya, em homenagem ao término da construção do novo prédio.

No dia 15 de janeiro de 1969, Morihei participou das comemorações do ano novo no Hombu Dojô. Mesmo parecendo estar com saúde impecável, sua condição física deteriorou-se rapidamente, vindo

Morihei fazendo uma demonstração *tai-no-henka*, transformar o corpo de maneira dinâmica, de acordo com o que exigir a circunstância. O grito penetrante do *kiai* de Morihei podia ser ouvido a mais de 400 metros de distância.

Morihei já com idade avançada: "Aikidô é a manifestação do amor."

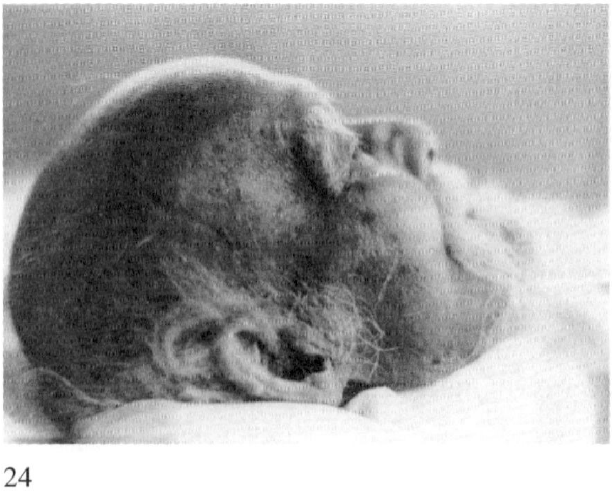

Foto de Morihei, tirada quando de sua morte. O fundador do aikidô retornou à Fonte em 26 de abril de 1969, com a idade de oitenta e seis anos.

a falecer pacificamente em 26 de abril de 1969, às 17 horas. Uma vigília foi realizada no Hombu Dojô no dia 1º de maio, a partir das 19:10 e, no mesmo dia, foi consagrada ao fundador uma condecoração póstuma pelo imperador Hirohito. Suas cinzas foram depositadas no cemitério de Tanabe, no templo da família Ueshiba, e mechas do cabelo do fundador foram guardadas em relicários no Santuário Aiki, em Iwama, no cemitério da família Ueshiba, em Ayabe, e no Grande Santuário de Kumano.

Kisshomaru Ueshiba foi eleito para suceder seu pai como o Aiki Doshu, *por decisão unânime do Aikikai, em 14 de junho de 1970.*
Estes dados biográficos foram traduzidos do japonês para o inglês por Louella Matsunaga.

Morihei com a espada do *aiki*, a qual "dá poderes para cortar e destruir todos os males e pacificar o mundo".

PARTE II

BUDÔ

por Morihei Ueshiba

NOTA DO TRADUTOR
(da versão japonesa para o inglês)

Budô foi publicado e circulou privadamente em 1938, quando Morihei estava com 35 anos de idade, em perfeita forma física e mental. Este é somente um manual de instruções para o qual o próprio Morihei posou para as fotografias que ilustram as técnicas, contendo também uma das poucas explicações abrangentes de sua filosofia.

Apesar de ter sido editado há mais de cinqüenta anos, em uma época muito diferente, Budô — como todos os grandes clássicos — possui qualidades sem precedentes, sendo moderno a qualquer tempo. Além de algumas referências mantidas à antiga ordem imperial e alguns arcaísmos, o texto quase não possui referências quanto a sua data real. A mensagem de Morihei de que o Budô é o caminho espiritual que leva à iluminação, à paz, à harmonia, à verdade, à bondade e à beleza, permaneceu constante por todos os anos seguintes. A formulação do sistema maduro do aikidô, em 1942, foi baseada nos princípios e técnicas enunciadas em Budô.

O próprio texto é muito direto e camuflado, oculto, como é de costume em manuais dessa ordem. E pressupõe que as informações e ensinamentos nele apresentados serão ampliados e definidos por explicações verbais de instrutores devidamente qualificados. A tradução é feita da maneira mais literal possível, seguindo a organização original do livro, isto é, de maneira casual.

Três das ilustrações que se encontravam fora de lugar foram recolocadas em seu local original, e alguns erros nas legendas das ilustrações também foram corrigidos.

John Stevens

ENSINAMENTOS DO CAMINHO

Budô[1] é um caminho divino estabelecido pelos deuses, que leva à verdade, bondade e beleza; é um caminho espiritual que reflete a ilimitada absoluta natureza do Universo e o grande processo da elaboração da criação.

Por meio da virtude adquirida com a devoção à prática, pode-se alcançar a percepção dos princípios do céu e da terra. Tais técnicas se originam da interação sutil do fogo e da água[2], revelando o caminho do céu e da terra e o espírito do caminho imperial; essas técnicas também mostram o funcionamento maravilhoso do *kotodama*[3], o princípio que direciona e harmoniza todas as coisas no mundo, resultando na unificação do céu, da terra, de Deus e da humanidade. Tal virtude gera luz e calor, formando a espada divina da harmonização espiritual entre o céu, a terra e a humanidade; quando a situação emerge, armado com a espada da harmonização e agindo de acordo com os princípios do céu e da terra, pode-se continuamente cortar a falsidade e o mal, limpando assim o caminho que conduzirá à beleza e ao mundo em seu estado original de pureza. Desse modo, quando totalmente despertado, pode-se utilizar de todos os elementos contidos no céu e na terra durante todas as quatro estações do ano. Reformar suas percepções de como o universo realmente parece e age; transformar as técnicas marciais em veículo de pureza, bondade e beleza; e dominar todas essas coisas. Quando a espada da harmonização unindo o céu, a terra e a humanidade se manifesta, somos libertados, capazes de purificar e moldar a nós mesmos.

MÉTODOS

Você e tudo o que você possui devem ser dedicados a causas nobres; como guerreiro do caminho marcial, é seu dever seguir o desejo dos deuses, externa e internamente, e servir às pessoas. No *budô*, nós guiamos o inimigo para onde quisermos. O propósito verdadeiro dos métodos aqui descritos é ensinar a um guerreiro como receber e preencher a mente e o corpo com um espírito de valentia — ele deve polir seu próprio *ki*[4] e moldar seu espírito dentro dos domínios da vida e da morte. Pratique esses métodos intensamente com sua mente e seu corpo, modifique-se incessantemente, progredindo sempre e cada vez mais, unindo-se ao céu e à terra, e unifique o treinamento com sua iluminação. Compreenda que a mente e o corpo devem ser envoltos pela alma de um guerreiro, sabedoria, iluminação e calma profunda.

POEMAS DO CAMINHO[5]

Conte com a majestade
do Senhor,
que reina em
nosso mundo,
e avance bravamente.

Ó deuses do céu e da terra!
Nós imploramos para que nos guiem
às preciosas técnicas do *ki*
que tranqüilizam a alma
e purificam todas as coisas.

"*Ei!!*"
Abata o inimigo
que está à espreita dentro de si mesmo
e guie todas as coisas com
brados de "*Yaa*" e "*Iei*".[6]

O verdadeiro *budô*
é impossível de ser descrito
por palavras ou letras;
os deuses não permitirão
tais explicações.

Técnicas com Espadas[7]
não podem ser contidas
em palavras ou letras.
Não dependa de tais coisas —
mova-se em direção à iluminação.

Profundo e misterioso
o grande propósito
do Caminho da Espada —
coloque seu calor e luz
em seu coração.

Cultive e refine
o espírito do guerreiro
enquanto serve ao mundo;
ilumine o Caminho
de acordo com a vontade divina[8]

Ensinado a nós pelos deuses,
o grande propósito do Caminho
segue o divino.
O Caminho do *aiki*[9]
revelado pelo Anjo da Purificação[10]

Forje o espírito
de acordo com a vontade divina;
busque a luz e o calor
da Espada Universal
e siga em direção à iluminação.

Faça com que da nossa transformação
nasçam frutos,
como corpo do *aiki.*
E a quem devemos agradecer?
A nosso líder imperial.

O desejo dos deuses,
que envolve o corpo e a mente,
é o *aiki* — lustre essa espada
e faça-a brilhar,
tornando-a conhecida em todo o mundo.

Lustre incessantemente
a Espada Sagrada
e traga à tona sua divindade;
um guerreiro sagrado
serve aos deuses.

Forje o espírito
de acordo com a vontade divina;
e a Espada Divina brilhará
limpa e radiante,
manifestando a bênção dos deuses.

O brilho penetrante de uma espada
forjada por um seguidor do Caminho
ataca o inimigo maléfico
emboscado no fundo
de seu corpo e alma.

Cristalina,
afiada e brilhante,
a Espada Sagrada
não permite que
o mal se instale.

O Caminho da Espada,
ilimitado e insondável,
deve ser aberto ao mundo
e manifestar-se
nos corpos e nas almas
de todas as pessoas.

Guerreiros!
Ajuntem-se e ostentem
a Espada Universal.
Brilhem e
revelem-na ao mundo.

Guarde isso em seu coração:
técnicas com espadas não são coisas.
Siga o divino —
a alma não fala,
mesmo assim sua divindade brilha.

Nenhuma voz pode ser ouvida,
nenhum coração pode ser visto;
siga o divino
e não haverá nada a
perguntar aos deuses.

"Sinceridade"[11]
Dizem que é mostrada pelos que
seguem o Caminho da Espada;
você pode suplicar aos deuses por ela,
mas não há necessidade de que eles respondam.

Nenhuma voz para se ver,
nenhum coração para se escutar —
técnicas com espada.
Inicialmente o mundo
aprende diretamente dos deuses.

Firme e segura
dando vida ao cosmos —
a Espada Sagrada.
Entendimento profundo e *budô* são as
duas lâminas do grande plano dos deuses.

Desde tempos antigos
o aprendizado profundo e o *budô* têm sido
as duas rodas do Caminho;
através da virtude do treinamento
ilumine ambos, corpo e alma.

No instante em que
um guerreiro encara
um inimigo,
todas as coisas ajudam
a dar maior foco aos ensinamentos.

Quando o aprendizado
se torna superficial,
siga a orientação da espada
tanto em corpo quanto em alma.

A ESSÊNCIA DA TÉCNICA

1. O Princípio do Ajuste da Mente e do Corpo

O aparecimento de um "inimigo" deve ser considerado como uma oportunidade para testarmos a sinceridade do nosso próprio treinamento mental e físico, para ver se estamos realmente respondendo de acordo com a vontade divina. Quando encaramos o reino da vida e morte representado pela espada de um inimigo, devemos estar firmemente estáveis e em guarda em corpo e mente e não nos intimidar com nada; sem oferecer a seu oponente a mínima abertura, controle sua mente num átimo e se mova para onde desejar — diretamente, diagonalmente ou em qualquer outra direção apropriada. Vá fundo mental e fisicamente, transforme seu corpo inteiro numa verdadeira espada e vença seu adversário. Este é o *yamato-damashii*[12], o princípio por trás da espada divina que revela a alma de nossa nação.

Na essência, a espada é a alma do guerreiro e a manifestação da verdadeira natureza do universo; assim, quando puxa a espada você está segurando sua alma nas mãos. Saiba que quando dois guerreiros se enfrentam com suas espadas, o corpo e alma de cada indivíduo se iluminam quando eles se juntam num mundo que necessita se livrar da falsidade e do mal. [Um inimigo que surge] no Grande Caminho da inspiração divina do espadachim dá a oportunidade ao guerreiro de ativar princípios universais e, através deles, servir de ajuda para a harmonização de todos os elementos do céu e da terra, do corpo e da alma — glórias que perduram para sempre.

Nossos iluminados ancestrais desenvolveram o verdadeiro *budô* baseado em humanidade, amor e sinceridade, cuja essência consiste em bravura sincera, sabedoria sincera, amor sincero e uma empatia sincera. Essas quatro virtudes espirituais devem ser incorporadas no treinamento constante da espada; molde constantemente o espírito e o corpo e deixe que o brilho da espada transformadora envolva seu ser inteiro.

Esportes são comumente praticados hoje em dia, e eles são bons para exercícios físicos. Guerreiros também treinam o corpo, mas usam seu corpo como veículo para treinar a mente, acalmar o espírito e encontrar a bondade e beleza, dimensões que faltam aos esportes. A prática do *budô* cria valor, sinceridade, fidelidade, bondade e beleza, assim como torna o corpo forte e saudável.

O Caminho é extremamente vasto. Desde tempos antigos até o presente, mesmo os grandes sábios foram incapazes de atingir e compreender a verdade totalmente; as explicações e ensinamentos dos mestres e santos somente expressam parte do todo. Ninguém pode falar de tais coisas em sua totalidade — somente direcionar-se para a luz e o calor, aprender com os deuses e, através da virtude da devoção ao treinamento, tornar-se um só com o divino. Procure a iluminação nessa direção.

2. Métodos de Treinamento

A melhor estratégia sempre está relacionada a reações ilimitadas. Siga o curso do Caminho Glorioso, use um para atingir a todos, e assim o uno abrirá o caminho a dez mil princípios vitais; forje as dez mil espadas, avance e persista para obter o máximo possível. Mantenha sempre a mente brilhante e limpa como o vasto céu, o grande oceano e a montanha mais alta, vazia de todos os pensamentos.

Irimi[13]

Se você estiver ereto com seu pé esquerdo à frente quando a espada de seu oponente o ataca, confie no princípio de *kokyu*[14], preparando-se para se pôr ligeiramente ao lado dele, e esteja pronto para atingir um segundo oponente vindo por trás, com sua mão direita. Num instante, avance profundamente para detrás dele com o pé esquerdo, mantendo o direito firmemente plantado, e simultaneamente derrube-o por trás com a mão esquerda. Entre com o pé direito por trás de seu parceiro sem alterar sua postura e derrube-o com as duas mãos.

Quando seu pé direito está à frente, o procedimento é o inverso, devendo-se entrar pelo lado esquerdo do oponente.

Tai-no-henka[15] *para a esquerda e a direita*

Quando é necessário ajustar seus movimentos, entre na maneira descrita acima, e então gire sobre o seu pé da frente, rapidamente como a luz de um raio. (Quando seu pé esquerdo está à frente) gire em volta com sua perna de trás e vire à direita. Saia pelo lado esquerdo e derrube quaisquer oponentes que possam estar atacando pela frente, por trás, pelo lado esquerdo ou direito. Seja qual for a direção em que você se mover, não altere sua postura quando girar ou virar. O movimento deve envolver uma evolução de 360 graus em torno de um centro estável.

Irimi tenkan[16]

Encare seu oponente e avance como descrito acima; uma vez que você tenha entrado atrás de seu oponente, aplique o princípio do movimento flexível, gire em torno de seu pé da frente, virando livremente na direção apropriada e atingindo os atacantes que estão à sua volta.

O caminho imperial envolve batalhas constantes. Treine de modo a invocar uma corrente poderosa e corajosa do *ki*, e pratique movendo-se como um raio de luz. Em relação à técnica, desde os tempos antigos tem sido dito que os movimentos devem surgir rápidos como um raio e que os ataques devem atingir como um trovão. Esses princípios podem ser vistos pelos olhos, mas deve-se treinar com perseverança e ardor, sempre buscando o divino, e obter o controle sobre aqueles princípios que não podem ser vistos por olhos humanos — as funções da água e do fogo por todo o universo.

3. Treinamento de Shomen[17]

Atacando com a mão direita ou a esquerda

Uso do *te-gatana* (a mão como espada) ou punho: para se conseguir acertar um golpe devastador em um inimigo, deve-se ter o conhecimento dos princípios do céu e da terra; a mente e o corpo devem estar ligados ao divino e deve haver um equilíbrio perfeito entre o que está visível e o que está invisível, água e fogo. O céu, a terra e o homem devem combinar-se uniformemente como uma força unificada — neste caso, um *te-gatana* — e deve-se mover em harmonia com o cosmos, impelido pelo divino; calor e luz devem irradiar de seu corpo inteiro. Sem oferecer ao seu oponente a menor abertura ou deixar espaço no fluir do *kokyu* e *ki*, deve-se estar ciente da essência do "golpear".

Inversamente, quando o inimigo ataca, mantenha-se sempre positivo, calmo, firme em sua posição e cheio de força, centrado no grande espírito do universo e em harmonia com a vontade dos deuses. Desse modo, mesmo quando estiver rodeado por diversos inimigos ou outros obstáculos, você pode antecipar qualquer ataque e mover-se em qualquer direção, para a esquerda ou para a direita para safar-se.

Você também deve aprender como penetrar na mente de seu oponente e guiá-lo pelo caminho indicado pelo céu e pela terra. Por exemplo, quando cercado por inimigos, você será capaz de conduzi-los para atacar na direção em que desejar, girar de modo correto e então derrubá-los por detrás. Deve-se iluminar a linha divisória entre a vida e a morte. Apesar do que possa surgir, deve-se estar preparado para receber noventa e nove por cento de um ataque inimigo encarando a morte de frente, para assim iluminar seu caminho. Ataque como o trovão e voe mais rápido que o raio — essa é a maneira de agir. Tenha sempre esses princípios em mente quando treinar e distinga como evitar inteiramente a pressão de um ataque inimigo.

Desde os tempos antigos, a estratégia foi algo ensinado como uma expressão natural da augusta presença. O combate segue os ditames do céu e da terra e se treina para reagir aos contrastes no fluir do *kokyu.* No treinamento apresentado aqui, deve-se manter certa distância. Isso deve ser feito em concordância com o princípio universal do manifesto e do oculto, água e fogo. Deve-se aprender a medir, tanto física como espiritualmente, a distância entre si e outrem permanecendo em posição firme e centralizada. Posicione-se em conjunção com o universo, treine para ser firme e unificar os maravilhosos poderes da água e do fogo — a estratégia real de um verdadeiro guerreiro não tem limites. Abra o universo da verdade, purifique e una todas as pessoas do mundo, e manifeste a glória da vontade imperial em todos os lugares. Treinando o *budô*, se construirá um caminho espiritual verdadeiro, que conduzirá a ações iluminadas. Além disso, quem treina sinceramente outras formas de *budô* mostra ensinamentos que refletem o grande plano do céu e da terra, levando à iluminação. Assim, as virtudes de bravura, sabedoria, amor e empatia estão unidas no corpo na mente, criando uma bela, valente espada que nos levará sempre a grandes realizações. A lei do Grande Caminho está estabelecida, a terra está protegida e cada pessoa se torna parte desse processo. É dessa maneira que os guerreiros do Japão treinam; é o ato de abrir a porta de pedra.[18] Se você aprender a controlar os elementos universais dentro do coração humano, você poderá reagir em harmonia com os princípios da água e do fogo, yin e yang, quando um inimigo ataca. Se ele vem com *ki*, ataque com *ki*; se ele vem como água, ataque como água; se ele ataca como fogo, responda como fogo. Pense nessas coisas e nas suas relações com as armas científicas modernas quando você treina.

4. Treinamento de *Yokomen*

Yokomen é um golpe desferido contra o lado da cabeça do seu oponente ou diagonalmente abaixo, no ombro dele, com seu *te-gatana*. Quando você sentir um ataque de *yokomen* vindo em sua direção, desvie-o; mova-se levemente no seu pé esquerdo, neutralize o golpe, absorvendo a iniciativa e aplicando yin e yang (água e fogo). Segure o pulso direito de seu oponente com a mão esquerda e então adicione a mão direita, dê um grande passo à frente com o pé esquerdo, vire à direita e aplique os princípios de yin e yang, atirando-o para a frente. O uso exato da força de seu oponente em sua vantagem depende de um senso de oportunidade perfeito e de um sentido apurado do maravilhoso princípio do manifesto e do oculto, qualidades da água e do fogo, que pode ser aplicado direta ou obliquamente para derrubar oponentes atacando do lado esquerdo ou do lado direito, devendo ser estudado como uma parte essencial da estratégia. Tal estratégia é sempre reforçada nos tatamis durante os movimentos de *yokomen,* nas práticas diárias.

Com respeito à técnica, é necessário desenvolver uma estratégia que usa todas as condições físicas e elementos que estão diretamente à mão. A espada cósmica tem muitas utilidades e aplicações que somente podem ser conhecidas oralmente e demonstradas em treinamentos.

5. Técnicas com as Mãos

As mãos, os pés e os ombros devem estar centralizados e funcionar como uma unidade; para proteger sua mente e seu corpo, é essencial primeiro guiar e conduzir os outros com as mãos. Você deve entender inteiramente como guiar um oponente para uma direção e derrubá-lo nessa mesma direção. Quando seu oponente quer puxar, você deve aprender a antecipar o movimento e conduzir seu puxar. Quando obtiver sucesso no treinamento de *bujutsu*[19], você sentirá imediatamente o que está faltando a seu oponente e preencherá esse vazio; isto é, deve perceber as aberturas na posição de seu oponente — o que nele está em falta — e ali aplicar a técnica. Perceber a fraqueza de um oponente dessa forma é o *budô*. O verdadeiro *budô*, no entanto, não é somente para o propósito de destruir um oponente; é muito melhor derrotar um oponente espiritualmente [levando-o a perceber a falta de senso de suas ações] fazendo-o assim voluntariamente abandonar seu ataque. O verdadeiro *budô* tem como propósito estabelecer a harmonia. Mente e corpo são as formas atuais de água e fogo; unificadas em espírito, devemos incessantemente treinar as técnicas de harmonização. Se um oponente agarra seu pulso, dê um passo para trás com a perna esquerda e, guiando-o para essa direção, segure-lhe o braço enquanto atinge seu rosto e o derruba.

Todos os *bujutsu* do Japão demonstram os ensinamentos do céu e da terra. Por exemplo, quando se está rodeado por inimigos atacando simultaneamente com lanças, deve-se olhar para eles como se fossem um único oponente e passar cortando por eles com a mente firme.

Os antigos usavam pilares e árvores como escudos, mas isso é um erro. Também não devemos depender de outros para nossa proteção. Nosso espírito é o verdadeiro escudo. Quando você enfrenta numerosos oponentes, desarme seus ataques, avance diretamente e vire-se para trás de suas lanças perfuradoras; aplicando esse princípio, pode-se destruir o círculo e escapar para um local seguro. Quando cercado, aplique esse mesmo princípio; avance e vire-se, cuidando para que sua postura não se desestabilize e, assim, obstrua seus oponentes.

Aprenda as dimensões corretas [da verdade], não treine no caminho da falsidade e não viole a confiança sagrada que você recebeu dos deuses; cada pessoa é uma miniatura do universo.

A prática do *bujutsu* consiste em derrotar um oponente dessa maneira; deve-se treinar para que esses princípios envolvam seu corpo. Quando cercado por vários inimigos, pense neles como se fossem um só; quando encarar um só inimigo, pense nele como sendo vários. Essa é a melhor estratégia. Aprenda como usá-lo para atacar dez mil sem lhes dar a mínima abertura. Construa assim o *yamato-damashii,* livre de qualquer insegurança na mente e corpo. Unifique o que está acima, no meio e abaixo; entre decidido, gire e misture-se com seus oponentes, à frente e atrás, à esquerda e à direita. É essencial cultivar tal presença de espírito continuamente nos treinos.

Em situações extremas, o mundo inteiro se torna seu inimigo; nesses momentos críticos, esse tipo de unificação da mente com a técnica é essencial — não deixe seu coração ter dúvidas!

O corpo humano é criação do espírito divino. Assim como um pequeno raio de luz pode dispersar a escuridão, devemos treinar e treinar com a intenção de conseguir tal superioridade.

Num manual de treinamento secreto escrito por um admirável ancião, há a seguinte declaração: "*Bujutsu* deve ser aplicado assim como um raio de sol inunda de luz um quarto, assim que a porta é entreaberta". Mais do que isso, a luz de seu treinamento deve ter a capacidade de penetrar grades, paredes, pedras, ou qualquer outro material. Em nosso caminho, nossas almas, nossos corpos e tudo mais pertencem ao divino. O propósito de um guerreiro é dominar, em harmonia com a augusta presença, técnicas marciais que vivificam tanto o mundo oculto quanto o manifesto.

Treine repetidamente no mundo manifesto, treine no campo do oculto até que você possa permanecer livre e continuamente em ambas as esferas. Esse é o espírito de que precisamos para trazer à tona as virtudes ocultas da sinceridade e da fidelidade para que sejam cada vez mais conhecidas em todo o mundo.

O Caminho é extremamente vasto, refletindo o grande plano dos reinos do oculto e do manifesto. Um guerreiro é um santuário vivo do divino, que deve servir a um grande propósito. Sempre imagine-se num campo de batalhas sob o ataque mais feroz e selvagem; nunca se esqueça desse elemento crucial do treinamento. Nunca perca sua identidade; purifique-se para criar um mundo puro, incorruptível e livre de culpa.

6. Técnicas de Treinamento Por Trás

1. Através das técnicas de treinamento pela retaguarda, aprende-se a preparar a mente e o corpo contra ataques de todas as direções, começando com ataques por trás, e como lidar mais livremente com oponentes. Quando um oponente inesperadamente surge atrás de você, todos os seus sentidos devem estar alerta, fazendo-o perceber seus movimentos — esse é um aspecto muito importante no treinamento do *bujutsu.* A chave das técnicas de retaguarda consiste em perceber de imediato a presença de outra pessoa atrás de você; quando um oponente tenta agarrá-lo por trás, você deve abrir os olhos de seu coração e a janela de sua mente, seguir sua intuição e mover-se rapidamente e com segurança para a posição ideal de contra-ataque. Ataques por trás são extremamente perigosos e difíceis de se lidar. Se você estiver desprevenido e desatento a um inimigo que não viu, será pego de surpresa. É essencial sempre se exercitar com precauções nesse aspecto. Mesmo que o oponente esteja em sua frente no início, se ele tiver um sentimento mais profundo de *bujutsu*, ele conseguirá infiltrar-se atrás de você apesar de seus movimentos para prevenir que isso aconteça, deixando-o em uma posição precária.

É essencial treinar contra os ataques por trás; deve-se treinar com perseverança para desenvolver a habilidade preciosa de adaptar-se e girar livremente para a esquerda e a direita, para a frente e para trás para evitar o ataque e derrubar os oponentes. Técnicas de retaguarda são primordiais para desenvolvermos nosso sexto sentido. Nesse estilo de *bujutsu*, aprendemos a utilizá-lo intuitivamente. Todos os dias devemos nos exercitar para desenvolver a intuição e respostas instantâneas. Se isso for apreendido, poderemos manipular um oponente assim que ele tentar nos segurar por trás, avançando para a frente e arremessando-o.

2. Agarrar por trás o pescoço ou colarinho segue o mesmo princípio de um golpe direto desferido contra as costas de um oponente. No entanto, assim que segurar o colarinho, você deve mover-se rapidamente e dominar a iniciativa do oponente, golpeando-lhe o rosto e/ou o plexo solar. Isso lhe fechará a janela da mente.

Em combates, assim que o oponente se move para atacá-lo por trás, vire-se como um raio e tome uma posição que lhe permita atacar seu lado direito (esquerdo); ou gire em redor dele e derrube-o pela direita. Em técnicas de retaguarda, a estabilidade dos quadris é vital, e devemos fortalecer essa parte do corpo através de treinamentos diários.

Em técnicas por trás nas quais seu oponente segura sua mão e golpeia seu rosto ao mesmo tempo, avance rapidamente atrás do lado direito de seu parceiro com o pé esquerdo, puxe-o para baixo e arremesse-o; ou avance para a esquerda de seu parceiro com o pé direito, gire e arremesse-o.

As explicações acima são extraídas de mais de dez mil técnicas; todas elas são derivadas dos mesmos princípios e fundamentos. Não é possível descrever em livros todos os detalhes de estratégia e técnica. Ponha-os em prática obtendo instruções prévias sempre.

ILUSTRAÇÃO E EXPLICAÇÃO DE TÉCNICAS SELECIONADAS

1. Precauções ao Treinar

1. A intenção original do *bujutsu* era matar o inimigo com um golpe; como todas as técnicas podem ser letais, observe sempre os procedimentos mostrados pelo instrutor e não se envolva em competições para medir forças.

2. *Bujutsu* é uma arte na qual um é usado para atingir muitos. Portanto, sempre treine para estar atento e alerta aos oponentes nas quatro e nas oito direções.

3. Sempre treine de modo vibrante e jovial.

4. O instrutor só pode repassar uma parte pequena dos ensinamentos; somente através de incessantes treinamentos você poderá obter a experiência necessária que lhe permitirá desvendar esses mistérios. Por isso, não corra atrás de inúmeras técnicas; uma por uma, faça de cada técnica a sua própria.

5. No treinamento diário, comece com movimentos básicos a fim de fortalecer o corpo sem esforçá-lo demasiadamente. Passe os dez primeiros minutos aquecendo-se e não haverá problemas com contusões, mesmo para pessoas de idade mais avançada. Divirta-se treinando e buscando sempre compreender seu propósito verdadeiro.

6. O treinamento do *bujutsu* consiste em criar *yamato-damashii* e construir seu próprio caráter. As técnicas são transmitidas de pessoa para pessoa, de maneira individual, e não devem ser expostas indiscriminadamente ao público.[20] Tais técnicas secretas não devem ser usadas para fins maléficos.

2. Movimentos Básicos

1. Posicionamento

Encha-se de *ki*, assumindo a postura de *hanmi*[21], com os pés separados, abertos num ângulo de sessenta graus[22] e encare seu oponente com uma postura *aiki* flexível (**1**).

A distância exata depende do momento, local e terreno; além disso, ela deve surgir de acordo com os princípios divinos. Uma boa postura reflete um estado de espírito correto.

Tanto o pé da frente quanto o pé de trás deverão estar abertos num ângulo de sessenta graus. A razão para isso será melhor entendida nos treinos.

1

Nota: Durante a prática perceba sempre a postura e a relativa distância do seu oponente; assuma, conforme isso, um posicionamento para a esquerda ou direita. Quando o movimento terminar, é essencial que seus pés estejam sempre num ângulo de abertura de sessenta graus. Se você encara seu oponente cheio de aberturas, você ficará em grande desvantagem.

2. Irimi

Uke:[23] Segure no pulso esquerdo do seu parceiro com a mão direita (**2**).

2

Tori:[24] Ponha força na ponta dos dedos da mão esquerda, vire a palma da mão para cima, deslize para a frente diagonalmente e avance para o lado direito do seu parceiro (**3**). Ao mesmo tempo, mantenha-se prevenido de possíveis ataques por trás. Segure o pulso direito do seu parceiro por debaixo com a mão direita, solte-o e atinja-o no rosto (**4**). Deslize um pouco mais e segure o pescoço (ou trave os quadris dele contra seu corpo)[25], ande para a frente com o pé direito dobrando o braço do seu parceiro em volta do pescoço até a nuca e então derrube-o (**5**, **6**). Durante essa última parte da técnica, é vital colocar força nas pontas dos dedos de sua mão direita, trazendo o braço dele para baixo e para dentro do corpo.

3

4

5

6

3. Tai-no-henka para a esquerda e para a direita

Uke: Mesmo ataque, como no nº 2.

Tori: Concentre seu espírito na ponta dos dedos da mão esquerda, apóie-se sobre o pé dianteiro (esquerdo), executando um amplo meiogiro, e posicione-se no lado direito de seu oponente, tendo em mente a possibilidade de ataques por trás (**7**, **8**). Quando executar giros com o corpo, mantenha os pés abertos formando um ângulo de sessenta graus — a postura mais estável.

Uke: O *uke* deve mover-se ligeiramente para a frente quando o *tori* completar seu giro, facilitando dessa maneira o movimento do *tori*.

Nota: Sempre pratique os giros com o corpo em ambos os lados, direito e esquerdo.

7

8

4. Irimi-tenkan

Entre com o pé esquerdo à frente e em seguida execute um giro. [Sem ilustração.]

3. Mão Vazia Contra Mão Vazia

SHOMEN

5.

Mesmas posturas, como no nº 1.

Tori: Avance com o pé direito e ataque diretamente o rosto do seu oponente com o seu *te-gatana* direito e soque as costelas dele com o punho esquerdo (**9**). [Não há ilustração do murro.][26]

Uke: Receba o ataque do oponente com o braço direito.

Tori: Coloque força no braço direito e corte para baixo incisivamente, segurando o pulso do oponente e controlando seu cotovelo direito (**10**). Avance para a direita dele com o pé esquerdo, mantendo o braço direito dele contra o seu corpo e puxe-o para a frente (**11**). Movase para a frente e imobilize-o no chão. (Essa técnica é chamada de

9

10

11

12

"Imobilização Número Um".) Em seguida, você pode travar o braço direito do seu parceiro com as pernas e atingi-lo na nuca com o seu *te-gatana* direito (**12**).

Nota: É essencial avançar vigorosamente (usando as mãos e os pés coordenadamente) e travar o braço do seu oponente no ângulo correto.

6.

Quando seu oponente ataca primeiro com *shomen*, gire em redor do ataque fazendo um *irimi-tenkan*, use a mão direita para receber o golpe e então controle o seu oponente como descrito no nº 5. [Sem ilustração.]

7.

Tori: Encha-se de *ki* e convide o oponente a atacá-lo com *shomen.*
Uke: Levante para cima seu *te-gatana* direito, avance para a frente sobre o pé direito e golpeie com *shomen.*
Tori: Entre no lado direito do seu oponente, golpeando-lhe as costelas com o punho esquerdo e use seu *te-gatana* direito para cortar seu ataque (**13**). Gire bem para trás do oponente e arremesse-o (como mostra o nº 2), além de empurrar seu queixo para cima com força (**14, 15** e **16**).

Nota: Em combates, acerte o rosto do oponente com força total.

13

14

15

16

8.

Tori: Encha-se de *ki* e convide o seu parceiro a atacá-lo com *shomen.*
Uke: Desfira um golpe de *shomen* com o seu *te-gatana* direito (**17**).

Tori: Avance com o pé esquerdo e execute um *irimi-tenkan* (ou, se for o caso, *tai-no-henka*) usando o seu *te-gatana* esquerdo para golpear o punho direito do seu oponente (**18**).
Segure a mão direita dele por fora, pressionando o seu polegar direito contra a base dos dedos anular e mínimo dele, dê um passo para trás com o pé esquerdo enquanto torce com força o pulso dele com as duas mãos, e o derruba ao chão (**19**). Aplique a chave ilustrada em (**20**). Isso imobilizará as mãos e os pés do seu oponente.

17

18

19

20

9.

Tori: Ataque o rosto e as costelas do seu oponente conforme descrito no nº 5.
Uke: Receba o ataque com a mão direita.

Tori: Faça um amplo giro e use a mão direita para cortar para baixo e direcionar o pulso do seu oponente. Deslize para dentro e reverta a maneira em que está segurando o pulso dele, traga-o para o seu peito e segure-lhe o antebraço com a mão esquerda. Torça firmemente e controle-o, como mostram as figuras (**21**, **22** e **23**). Dê um passo para trás, puxe-o para o chão e trave-lhe o braço direito com as duas mãos (**24**). Essa técnica é chamada "Imobilização Número Dois" .

21

22

23

24

10.

Tori: O mesmo do nº 9.
Uke: O mesmo do nº 9.
Tori: Após fazer um grande giro (**25**), segure os dedos direitos do seu parceiro e torça-os para a direita com um leve giro para cima e para trás. Aplique uma torção reversa com sua mão esquerda, enquanto o atinge no rosto com o punho direito (**26**). Faça um recuo

com seu pé esquerdo, controlando o cotovelo direito dele com uma torção invertida usando a mão direita e puxe-o para baixo para a sua direita (**27**). (Essa é a chamada "Imobilização Número Três".) Em seguida, sente-se próximo ao lado direito do seu parceiro e imobilize-o, formando uma cruz com as suas mãos (**28**).

25

26

27

28

YOKOMEN
11.

Tori: Encha-se de *ki* e convide seu parceiro a golpeá-lo com um *yokomen*.
Uke: Avance para a frente no seu pé direito e ataque com um golpe de *yokomen* com seu *te-gatana* direito, no lado esquerdo da cabeça do seu oponente.
Tori: Avance suavemente no seu pé esquerdo, e com o seu *te-gatana* esquerdo neutralize o ataque do oponente, ao mesmo tempo que atinge

seu rosto com a mão direita (**29**). Entre profundamente para o lado dele e corte o *te-gatana* de ataque do oponente com o seu *te-gatana* direito, ao mesmo tempo que o atinge nas costelas com o punho esquerdo (**30**). Em seguida use o seu braço direito para derrubá-lo ao chão (**31**).

29

30

31

12.

No treinamento de ataques em *yokomen* está contida a essência de todas as técnicas.

Tori: Encha-se de *ki* e convide seu parceiro a golpeá-lo com um *yokomen.*

Uke: Ataque com um golpe de *yokomen* como no nº 11.

Tori: Abra um pouco para a esquerda e neutralize o ataque do seu oponente com seu *te-gatana* esquerdo, enquanto simultaneamente acerta seu rosto com a mão direita. Segure seu pulso direito com a mão esquerda, em seguida com ambas as mãos, e suspenda o braço dele por sobre a sua cabeça ao mesmo tempo que se move para a frente (**32**, **33**). Em seguida faça um giro de 180° e arremesse-o [como se cortasse através de um inimigo atacando por trás (**34**)].

Nota: É necessário pensar como se o braço direito do seu oponente fosse uma espada em pleno ataque. Também observe que seu dedo polegar deverá estar no pulso do seu oponente.

32

33

34

13.

Tori: Seu oponente ataca com um golpe de *yokomen* (como no nº 11). Avance para trás de seu parceiro, segure-lhe o pulso por baixo com a mão direita, recue e traga-o para baixo, fazendo a "Imobilização Número Um" (**35**, **36**).[27]

35

36

14.

Tori: Nesse caso, aplique os movimentos descritos no nº 10 e use a "Imobilização Número Dois" [ou Três] (**37**).

15.

Tori: Assim como está descrito no nº 11, execute um *irimi-tenkan*, usando seu *te-gatana* direito para controlar o ataque do seu oponente, corte para baixo e segure o braço direito dele com as duas mãos (**38**). Ande para a frente e corte para baixo, como se fosse uma espada, e imobilize seu oponente (**39**, **40**).

Nota: A posição de sua mão esquerda nesta técnica é a seguinte: segure firmemente o pulso do seu oponente com os dedos mínimo e anular, usando o nó da junta da base do dedo indicador para aplicar uma pressão forte em seu pulso. (Essa é conhecida como a "Imobilização Número Quatro".)

37

38

39

40

16.

Uke: Dê um sobrepasso para a frente com o pé direito e segure as mãos do seu oponente.
Tori: Vire para a direita, dê um sobrepasso para a frente com o pé direito e um grande passo com o pé esquerdo. Use a mão direita para segurar o pulso do seu oponente. (Coloque força nos dedos da sua mão esquerda e suspenda a mão do seu parceiro com seu ombro; segure firmemente o braço dele com a mão direita, mantendo o polegar no pulso dele e puxe-o para você (**41**). Levante o braço do seu parceiro por cima de sua cabeça (**42**, **43**), gire aproximadamente 180º, fazendo um pivô sobre o seu pé esquerdo (**44**), e lance-o para trás (como se estivesse cortando seu atacante por trás) (**45**). Após completar o arremesso, imobilize o braço direito do oponente com a mão direita, virando-o na direção oposta (**46**).

41

42

43

44

45

46

17.

Uke: O mesmo que acima.
Tori: Faça um pivô sobre o seu pé esquerdo, deslize para a direita e arremesse, como descrito na técnica anterior. [Sem ilustração.]

TREINANDO AIKI
Pela virtude dos treinamentos, a compreensão de *aiki* é adquirida naturalmente. Instruções mais precisas devem ser demonstradas oralmente.

18.

Quando seu oponente segura seu pulso (**47**, **48**).

47

48

19.

Quando seu parceiro segura suas duas mãos (**49**, **50** e **51**).

49

50

51

20.

Quando seu oponente soca (**52**, **53** e **54**).

52

53

54

21. Treinando yokomen

Uke: Dê um golpe de *yokomen* com a mão direita.
Tori: Avance com o pé esquerdo e use seu *te-gatana* esquerdo para neutralizar o ataque do seu oponente, simultaneamente atingindo seu rosto [e derrubando-o] (**55**).

55

TREINANDO TÉCNICAS PELA RETAGUARDA

22.

Uke: Segure firme o colarinho do seu oponente e puxe-o (**56**).
Tori: Assim que seu oponente puxar, dê um passo para fora com o pé direito, vire-se para dentro, à direita do seu parceiro, com o pé esquerdo e atinja o rosto dele com seu *te-gatana* esquerdo e o plexo solar dele com a mão direita (**57**).

56

57

23.

Uke: O mesmo ataque anterior.
Tori: Saia para fora com o pé direito e ataque o rosto do seu oponente com seu *te-gatana* (deixando a mão direita livre para se defender de outros atacantes) (**58**).

58

Uke: Bloqueie o golpe do seu oponente com a mão esquerda.
Tori: Dê um longo passo para trás com o pé esquerdo, traga o seu oponente para baixo e para a frente e controle o braço dele com a mão direita, atacando-lhe o flanco com a mão esquerda e empurrando-o para baixo (**59**).

59

24.

Uke: Segure firme o colarinho do seu oponente e empurre-o para a frente (**60**).
Tori: Assim que seu oponente empurrar, dê um passo para a frente com o pé direito, gire o corpo para a esquerda, atinja o rosto dele com o seu *te-gatana* esquerdo e arremesse-o (**61**).

60

61

25.

Uke: O mesmo que acima.
Tori: Quando seu oponente segurar seu colarinho, gire o corpo para fora com o pé direito e use seu *te-gatana* direito para atingir o braço do seu parceiro (**62**). Então dê um passo para trás do seu oponente com o pé direito, atinja o rosto dele com a mão direita e derrube-o (**63**).

62

63

26.

Uke: Segure os dois pulsos de seu oponente por trás (**64**).
Tori: Saia com o pé esquerdo e levante as duas mãos (**65**). Em seguida, dê um passo para trás com o pé direito, cortando simultaneamente para baixo com ambas as mãos e atire-o para a frente (**66**).

65

66

4. Mão Vazia Contra Espada

SHOMEN

27.

Tori: Encha-se de *ki* e convide seu oponente a atacá-lo (**67**).
Uke: Golpeie com *shomen.*
Tori: Assim que seu oponente atacar, mova-se com a velocidade dos deuses e entre à direita dele com um *irimi-tenkan*. Atinja-o no pulso direito com seu *te-gatana* esquerdo, mantendo-se atento à possibilidade de ataques por trás, e golpeie-o no rosto com o punho direito (**68**). Aplique a técnica descrita no nº 8 [*kote-gaeshi*] e derrube seu oponente (**69** e **70**). (Nesse caso, é necessário controlar a mão dele com os dedos mínimo e anular de sua mão direita.) Em seguida, gire-o para a esquerda, imobilize-o com o rosto para o chão, tire a espada da mão dele e mantenha-a sobre a nuca do adversário (**71**).

67

68

69

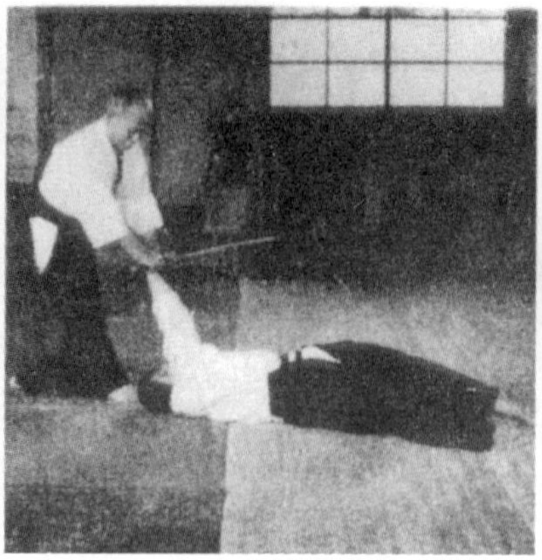
70

71

28.

Tori: O mesmo que acima.
Uke: Golpeie com *shomen.*
Tori: Avance e golpeie as costelas e o rosto do seu oponente (**72**). Aplique a técnica descrita no nº 7 [*irimi-nage*] e derrube-o (**73** e **74**).

72

73

74

29.

Tori: Com o pé direito à frente, assuma uma postura cheia de *ki* e convide seu parceiro a atacar (**75**).
Uke: Golpeie com *shomen*.
Tori: Entre no lado esquerdo do seu oponente e atinja seu plexo solar com o punho direito (**76**). Segure o cabo da espada do atacante com a mão esquerda e acerte seu rosto com seu *te-gatana* direito (**77**).

30.

A fim de sentir a direção do *ki* da espada, é necessário que se desenvolva uma percepção aguçada.
Tori: Encha-se de *ki* e convide seu parceiro a atacar (**75**).
Uke: Golpeie com um *shomen* de *jodan*.[28]
Tori: Assim que seu oponente atacar, vire-se para a esquerda ou para a direita, conforme a situação exigir. Você deve praticar até poder

75

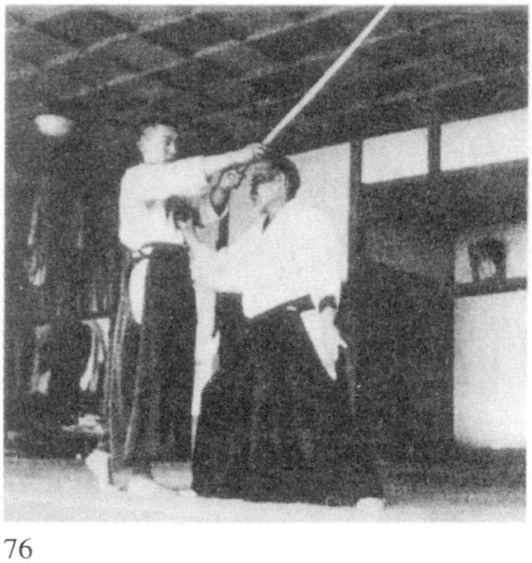

76

77

mover-se natural e suavemente, mesmo sob ataque direto de uma espada. [Sem ilustração.]

Explicação: Assim que um inimigo atacar, surge uma brecha na defesa dele; durante o treinamento descrito aqui, você aprenderá a encher-se de *ki*, perceber essa fraqueza e a distinguir com clareza em sua mente o caminho que a espada irá traçar. O ferro é cheio de impurezas que o enfraquecem; forjando-o, ele vira aço e é transformado em uma espada com lâmina afiada. Uma incomparável espada Masamune[29] é o resultado de forja incessante; seres humanos também se desenvolvem de maneira semelhante. Treine mutuamente até que toda fraqueza desapareça; então, quando surgir um corte ou uma estocada, sua técnica será perfeita. Nutra esse *ki* para que ele cresça e floresça criando um ser humano sincero.

ATAQUES AO PEITO COM YOKOMEN

31.

Praticar a partir de instruções verbais.

ATAQUES COM FACA

32.

Contra uma estocada com faca (ou ataque com revólver), aplique a técnica nº 7 [*irimi-nage*] (**78**).

78

33.

Aplique a técnica nº 8 [*kote-gaeshi*] (**79**).

79

34.

Uke: Dê um golpe de *shomen* com uma faca.
Tori: Quando seu oponente atacar, avance, segure o antebraço direito dele com a mão direita e aplique a Imobilização Número Um (**80** e **81**).[30]

80

81

5. Espada Contra Espada

CORTES NO PULSO

35.

Tori: Encha-se de *ki* e convide o oponente a atacar o seu pulso (**82**).
Uke: Golpeie o pulso do seu oponente.
Tori: Abra-se amplamente para a esquerda e corte o pulso do seu oponente (**83**).

82

83

ATAQUES À CABEÇA

36.

Tori: Encha-se de *ki* e conduza a mão direita do seu oponente.
Uke: Ataque com *shomen* (**84**).
Tori: Execute um *irimi-tenkan* para a direita e atinja-o na cabeça (**85**).

84

85

37.

Tori: Encha-se de *ki* e convide seu oponente a atacar.
Uke: Ataque com *shomen.*
Tori: Avance e atinja-o na cabeça [Sem ilustração.]

Nota: O princípio de atingir o oponente sem ser atingido é demonstrado com instruções orais.

ESTOCADAS

38.

Tori: O mesmo que acima (**86**).
Uke: Ataque com *shomen.*
Tori: Avance, gire a lâmina para cima e ataque seu oponente no peito (**87**). Em seguida, ataque sua cabeça (**88**) e estoque-o novamente (**89**).

86

87

88

89

6. Ataques Com Baioneta

39.

Tori: Assuma uma postura correta em *aiki* e convide seu oponente a atacá-lo (**90**).
Uke: Dê uma estocada direta.
Tori: Avance e corte para baixo no antebraço esquerdo do seu oponente com seu *te-gatana* direito (**91**). Agarre-o pelo colarinho por trás e atinja-o no rosto com seu *te-gatana* esquerdo (**92**).

90

91

92

40.

Uke: O mesmo que acima.
Tori: Como na técnica anterior, prolongue o ataque de seu oponente, mas desta vez segure a baioneta com ambas as mãos, mova-se para a frente com o pé direito e arremesse-o (**93** e **94**).

93

94

41.

Uke: O mesmo que acima.
Tori: Avance, como no nº 39, mas desta vez segure a baioneta por baixo com a mão esquerda, puxe para trás com o pé esquerdo e aplique uma chave reversa no cotovelo esquerdo do seu atacante, pressionando-o com o antebraço direito (**95** e **96**).

95

96

42.

Tori: Assuma uma postura esquerda em *aiki* encarando seu oponente (**97**).
Uke: O mesmo que acima.
Tori: Avance e atinja o rosto do seu oponente com seu *te-gatana* esquerdo e o antebraço dele com seu direito (**98**). Agarre a baioneta com ambas as mãos, avance com seu pé direito e derrube-o (**99**).

97

98

99

43. Baioneta contra Baioneta

Tori: Encha-se de *ki* e convide seu oponente a atacar.
Uke: O mesmo que acima.
Tori: Assim que seu oponente estocar, entre à esquerda com *irimi-tenkan* e penetre-o (**100**).

100

Nota: Contra um ataque com lança, os movimentos são basicamente os mesmos usados contra a baioneta (**101**, **102**, **103** e **104**).

101

102

103

104

TAI-NO-HENKA

44. Aplicação do treinamento de arremessos

Uke: Segure nos pulsos de seu parceiro.
Tori: Como se estivesse praticando um arremesso, ponha a força na ponta de seus dedos, mova-se para a frente com o pé esquerdo, levante ambas as mãos sobre a cabeça, faça um pivô sobre o pé esquerdo e corte para baixo, mantendo seu parceiro suspenso nos seus quadris (**105**). Em seguida reverta sua posição, vire-se para a direita do seu parceiro e aplique a mesma técnica (**106**). Repita esse exercício para trás.

105

106

DESENVOLVIMENTO DO PODER DO KI

45.

Fique frente a frente com seu parceiro em *seiza* (**107**).
Uke: Segure nos pulsos de seu parceiro.
Tori: Vire suas palmas para dentro, coloque força nas pontas dos dedos, concentre seu espírito, levante as mãos como uma espada e empurre seu oponente para trás com os antebraços (**108** e **109**). Continue para a frente com o joelho direito, levante-se um pouco e atire seu parceiro para a esquerda (**110** e **111**).

Nota: Quando arremessar, abra suas mãos levemente, direcione a mão direita para o ombro esquerdo do seu oponente e empurre-o para a esquerda. Se você puxar suas mãos para seu próprio corpo, a técnica não surtirá efeito.

107

108

109

110

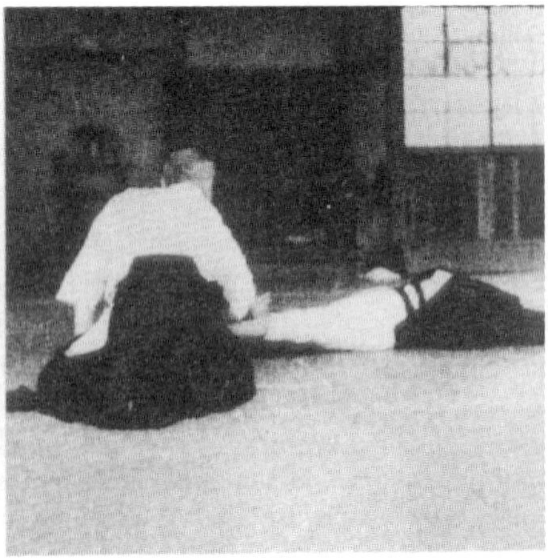
111

46.

Uke: O mesmo que acima.
Tori: Como no nº 45. Desta vez vire suas palmas para fora, estenda os braços para a esquerda e arremesse seu oponente (**112** e **113**).

112

113

47.

Uke: O mesmo que acima.
Tori: Levante a mão direita na direção do ombro esquerdo do seu oponente, estenda a mão esquerda por sob o ombro dele e empurre-o para baixo para o lado esquerdo (**114** e **115**).

114

115

48.

Uke: O mesmo que acima.
Tori: Mova as duas mãos como o movimento de uma pá e atire seu oponente para a direita [ou esquerda] (**116** e **117**).

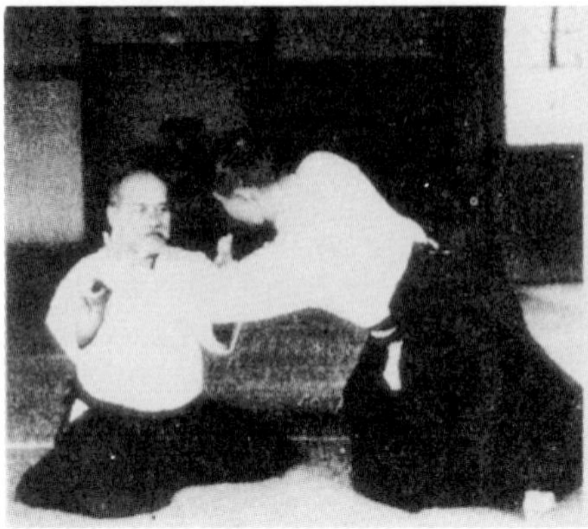

116

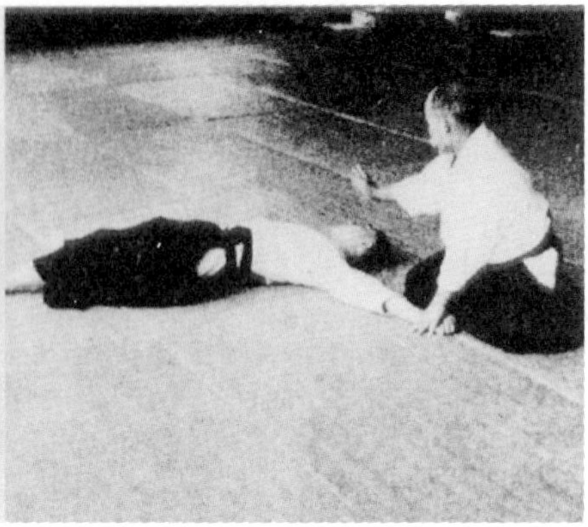

117

DESENVOLVIMENTO DE FORÇA NOS BRAÇOS
49.

Praticar a partir de instruções orais.

ALONGAMENTO DAS COSTAS
50.

Tori: Segure firme nos pulsos do seu parceiro (**118**).
Uke: Gire o pé direito para a esquerda, aproxime-se do seu parceiro e alongue-o por cima de suas costas (**119**).[31]
Tori: Após ser alongado, solte os punhos e deslize sobre as costas para o chão.

118

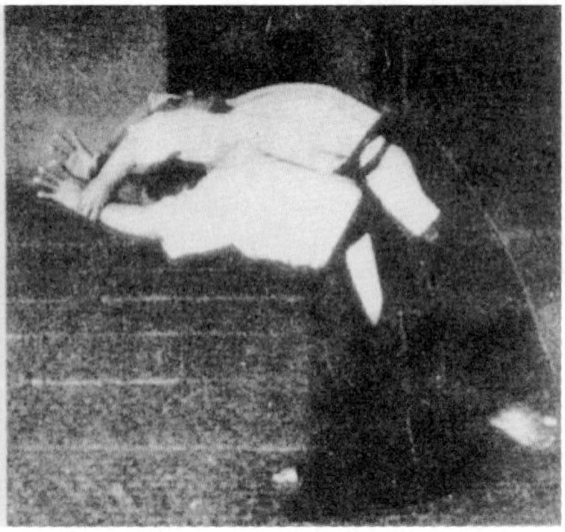

119

OS SEGREDOS DO BUDÔ
(POEMAS ESPIRITUAIS)

Sinceridade!
Cultive essa virtude
e compreenda
a verdade profunda de que
o oculto e o manifesto são um.

Domine as divinas
técnicas do *aiki*
e nenhum inimigo
ousará
desafiá-lo.

Vendo-me diante dele
o inimigo ataca,
mas nesse instante
eu já estarei
pronto atrás dele.

Deixo o inimigo iludido
atacar minha forma,
mas num instante
fico atrás dele
e o derrubo.

Esquerda e direita,
evite todos
os cortes e desvios;
Domine a mente de seus oponentes
e disperse a todos.

Cercado por uma floresta
de lanças inimigas —
avance vigorosamente e
aprenda a usar sua mente
como escudo.

Um bando de inimigos
corre para o ataque —
pense neles e trate-os como
a um só inimigo.

Mesmo quando desafiado
por um único inimigo,
mantenha-se em guarda,
pois você sempre estará cercado
por um bando de inimigos.

Notas do Tradutor
(versão japonesa para a inglesa)

1. *budô*: O Caminho da Virtude Marcial, o Caminho do Guerreiro. Esse é um modo de vida dedicado à paz e a atos iluminados. Aqui *budô* é usado no sentido comum das tradicionais artes marciais japonesas e, mais especificamente, como manifestação do *aiki-budô* de Morihei, que acabou resultando na formulação do aikidô. Algumas vezes no texto a abreviação *bu* é usada, mas para melhor compreensão, usamos o termo *budô*, mais formal, em toda a tradução.

2. No sistema de Morihei, o cosmos é ativado e mantido pela interação da água (*mizu*) e do fogo (*ka*). Água é a matéria; fogo é o espírito. Em combinação, eles formam *iki*, vitalidade, espírito, e *kami*, o divino.

3. *kotodama*: a ciência esotérica do "som espiritual". *Kotodama* são sons puros que cristalizam as vibrações de várias concentrações que são conhecidas como som, cor e forma. Cada princípio e técnica tem um *kotodama*, uma vibração sagrada que contém sua essência; se se compreende o significado de *kotodama*, pode-se apreender sua função (como água, por exemplo) e incorporar seu espírito (como o fogo).

4. *ki*: a energia sutil que preenche, alimenta e conduz o universo; a força vital que envolve toda a criação.

5. *doka*: poemas didáticos compostos em sílabas de 5-7-5-7-7 por mestres para inspirar e instruir discípulos.

6. Esse *doka* descreve *kiai*, gritos de controle perfeito, de energia concentrada, que podem destruir a defesa de um oponente.

7. Essa é a espada de fio duplo (*tsurugi*) da sabedoria e da purificação, a espada espiritual da mente, que deve ser aplicada a cada técnica, literal ou fisicamente.

8. *kannagara*: esse termo aparece constantemente no texto. Refere-se ao estado em que alguém está perfeitamente harmonizado com o funcionamento do divino, em todos os aspectos da vida. Nesse estado ideal, pode-se agir natural, espontânea e sinceramente, livre de artifícios e duplicidade. "Divino" não se refere a algo sobrenatural, mas a alguma coisa que inspira reverência e manifesta bondade, pureza e beleza.

9. *aiki*: harmonização espiritual, a captação de todos os elementos em perfeita união.

10. *Izu-no-me-no-kami*: um deus Xintó que purga o mundo da sujeira e corrupção.

11. *makoto*: unidade de palavra e ação; seguir verdadeiramente a ordem do universo.

12. *yamato-damashii*: o espírito do antigo Japão. Hoje em dia é mais bem interpretado como a manifestação de tudo o que é bom e verdadeiro na natureza humana.

13. *irimi*: no nível físico, significa pôr-se de lado para evitar o ataque de um oponente; no nível espiritual, significa penetrar e confundir uma força agressiva.

14. *kokyu*: *prana*, o espírito divino da vida, a corrente universal de energia vibrante. Tecnicamente, *kokyu* refere-se a um senso perfeito de oportunidade e a um fluxo firme e constante de energia.

15. *tai-no-henka*: giro do corpo, fazendo pivô sobre um pé, geralmente envolvendo um giro de 180º.

16. *irimi-tenkan*: entre e gire, uma combinação de *irimi* e *tai-no-henka* aplicado de acordo com as circunstâncias. No texto original, o termo *irimi-tenka*, "gire e transforme", foi usado, mas para facilitar o entendimento, usou-se o nome moderno da técnica em toda a tradução.

17. *shomen*: golpe dado diretamente no topo da cabeça de um oponente.

18. Isso se refere a um famoso incidente na mitologia Xintó. A ausência da Deusa do Sol, que estava em retiro numa caverna fechada com uma porta de pedra, privava a terra de luz e calor. Ela foi atraída para fora da caverna pelo esforço coletivo dos deuses, que a persuadiram a abrir a porta de pedra. Nesta era moderna, Morihei sugere que todos os seres humanos deveriam se unir para que nosso mundo, poluído com morte e destruição, pudesse ser banhado mais uma vez na luz da verdade e da beleza.

19. *bujutsu*: arte marcial, a aplicação e execução de técnicas marciais.

20. O texto diz literalmente: ..."criar um povo japonês sincero... e não mostrar essas técnicas para outras pessoas".

21. *hanmi*: a posição de "meio-corpo", encarando seu oponente em ângulo, com um pé à frente.

22. Inicialmente, o ângulo formado pelos pés parece mais próximo de noventa graus, mas durante a execução das técnicas, ambos os pés apontam para um ângulo de sessenta graus, como nas ilustrações 21, 32, 33 e 34.

23. *uke*: a pessoa que recebe a técnica.

24. *tori*: a pessoa que executa a técnica. No texto original, a palavra *shi* foi usada.

25. Como em *sokumen irimi-nage*. (Ver página 88).

26. Para ilustrar o soco, veja a página 105.

27. No texto original os números 35, 36 e 37 estavam em ordem incorreta. A técnica aplicada aqui é chamada de Imobilização Número Cinco, no aikidô de hoje.

28. *jodan*: posição em que a espada é empunhada sobre a cabeça de alguém.

29. Espadas feitas pelo ferreiro medieval Masamune são consideradas as de mais alta qualidade já feitas no Japão.

30. Essa é conhecida como a Imobilização Número Cinco. (Ver nota nº 25.)

31. Neste caso, Morihei é o *uke*.

PARTE III

TÉCNICAS DO NOMA DOJÔ

Técnicas do Noma Dojô

As Técnicas do Noma Dojô foram fotografadas no dojô *particular de Seiji Noma, então presidente do Kodansha Ltd., em 1936, quando Morihei tinha cinqüenta e três anos de idade. Shigemi Yonekawa serviu como* uke *e as técnicas foram fotografadas em várias sessões. Morihei adotou como princípio fazer o treinamento de "modo vibrante e alegre" de coração — pode-se vê-lo sorrindo em várias das fotografias.*

As fotos foram preservadas em cinco álbuns, mas foram tiradas de ordem ao serem recentemente fotografadas de novo (tendo os negativos originais desaparecido há muito tempo). Conseqüentemente, todas as fotos tiveram que ser colocadas em ordem novamente para que pudessem ser publicadas.

Por não haver descrições técnicas ou indicações junto às fotos originais, as que foram publicadas obedeceram à ordem de cada técnica aplicada e foram descritas com termos modernos do aikidô para facilitar a compreensão.

Quando se estudar as fotografias, é importante notar que todas foram tiradas com métodos de fotografia de ação "quadro por quadro". Morihei posou para cada estágio das técnicas, sendo as câmeras mudadas sempre para posições diferentes para refocar ou capturar o movimento seguinte de um ângulo diferente, resultando assim em perspectivas um pouco diferentes para cada foto. Também foram feitas várias tomadas da mesma técnica, que depois foram combinadas e colocadas em ordem. Em alguns casos, estão faltando seguimentos que deverão ser substituídos por visualizações. Resumindo, na maioria dos casos, as fotografias não estão em seqüência.

Para efeito de comparação, muitas seqüências das fotografias tiradas em Wakayama em 1951, quando Morihei tinha sessenta e oito anos de idade, foram incluídas em toda esta seção. As diferenças entre as execuções das técnicas de Morihei nos períodos pré e pós-guerra freqüentemente estão em contraste, mas, como podemos ver comparando as Técnicas do Noma Dojô (1936) e de Wakayama (1951), a essência da arte de Morihei continuou a mesma.

As fotografias nesta seção proporcionam aos estudantes a oportunidade preciosa de observar melhor como o próprio Morihei praticava as técnicas do aiki, *técnicas que podem nos ajudar a obter harmonia com a natureza e a conectar-nos aos princípios mais nobres da vida.*

John Stevens

Shiho-nage

Hanmi-hantachi

1

2

3(ryote-dori)

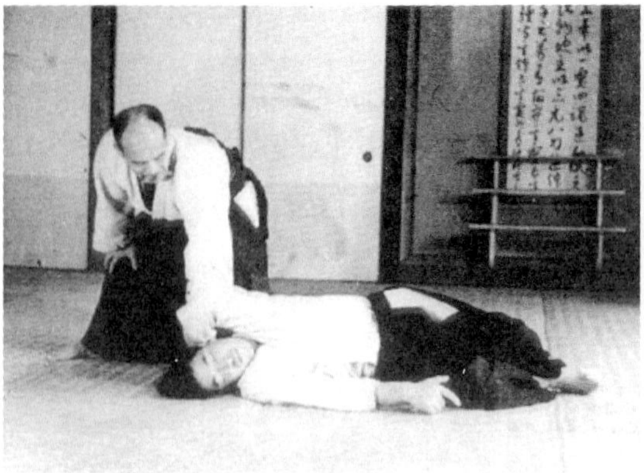

Tachi-waza yokomen uchi

Irimi-nage

Suwari waza

(Wakayama)

Irimi-osae

Hanmi-hantachi

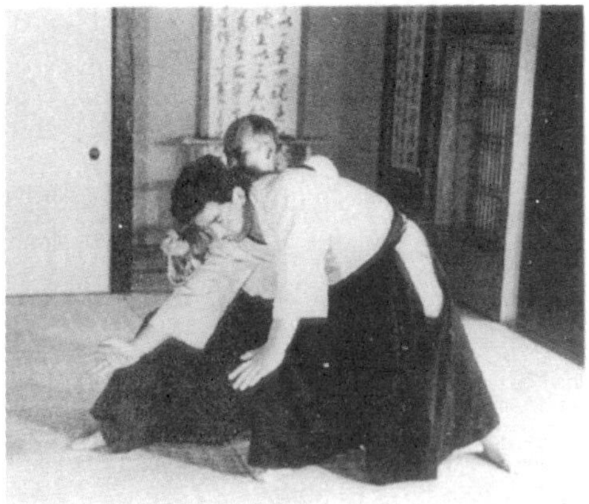

Tachi-waza shomen uchi sankaku no irimi

Suwari-waza

Kata-dori chokusen no irimi

Yokomen-uchi irimi-nage

Sokumen Irimi-nage

Suwari-waza

1

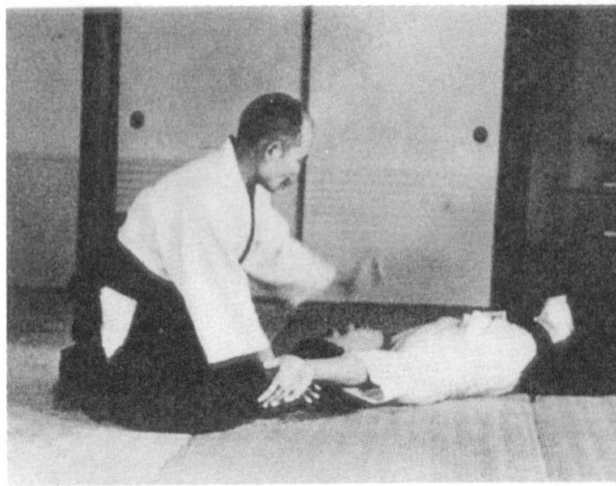

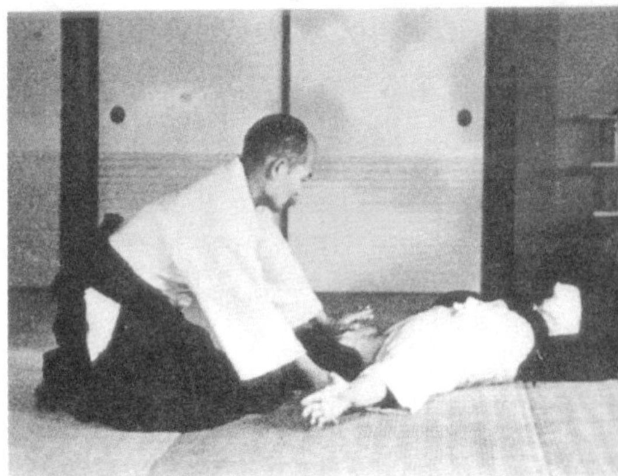

2

3

2

3

4

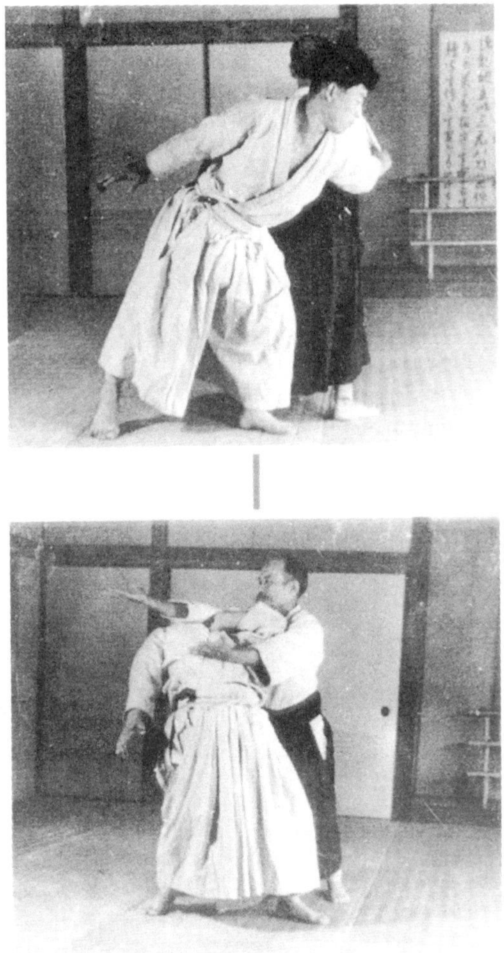

Kote-gaeshi

Suwari-waza

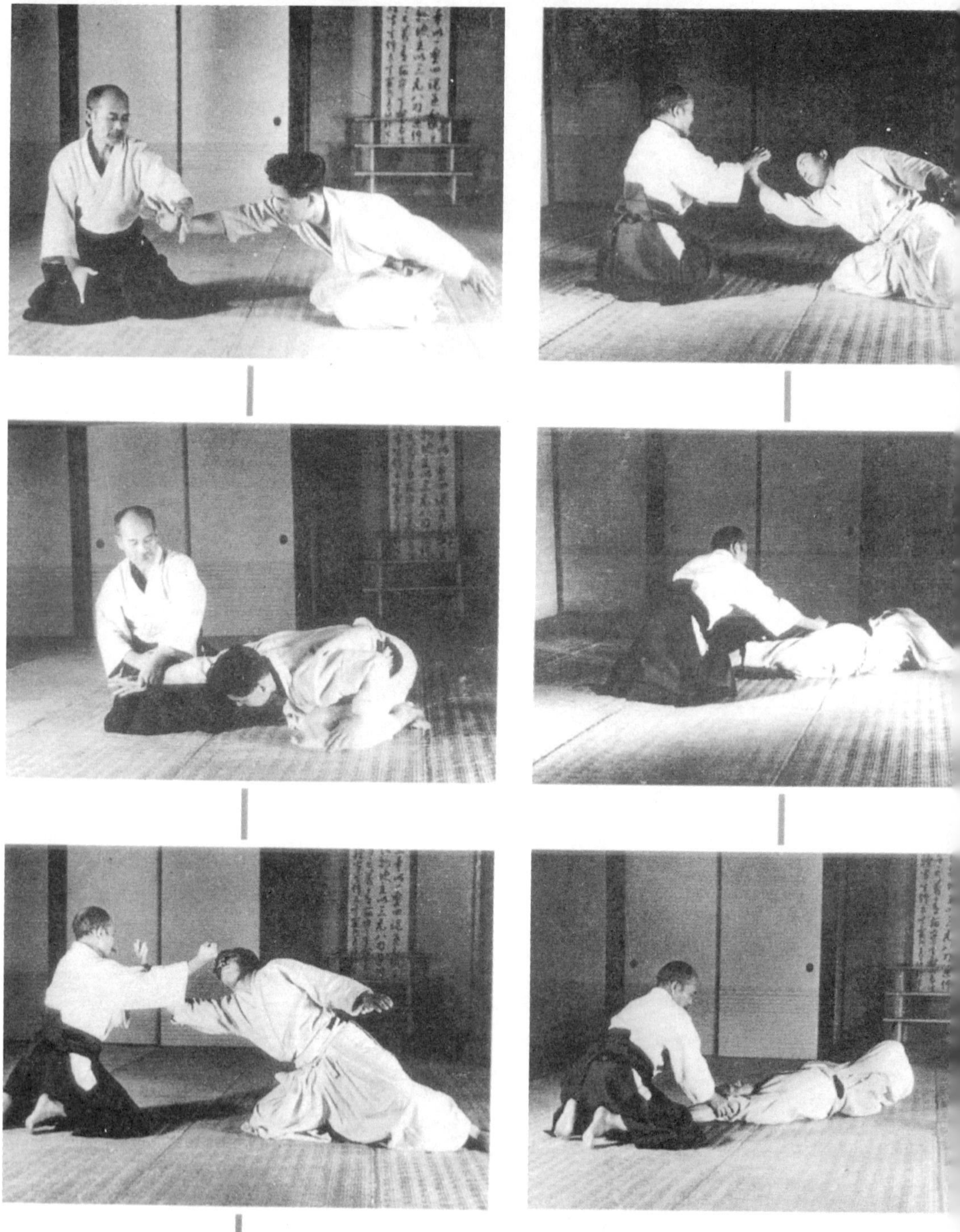

Sumi-otoshi

Suwari-waza

1

2

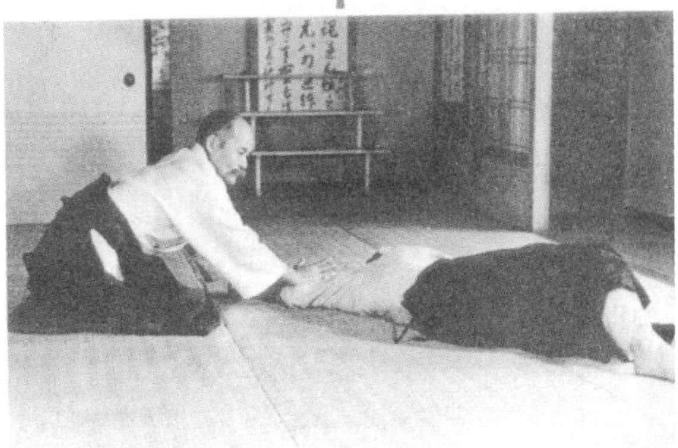

3

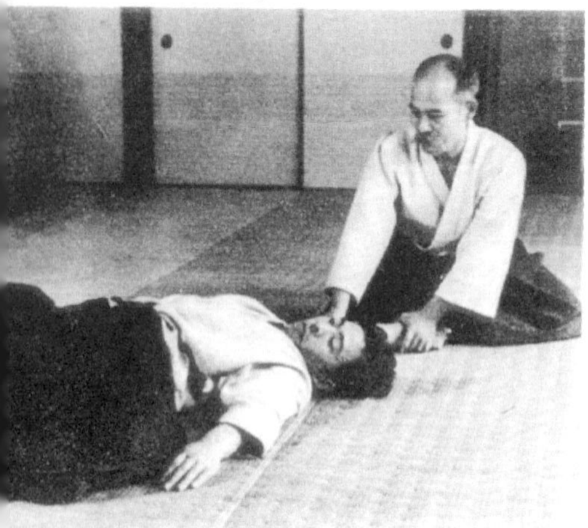

4

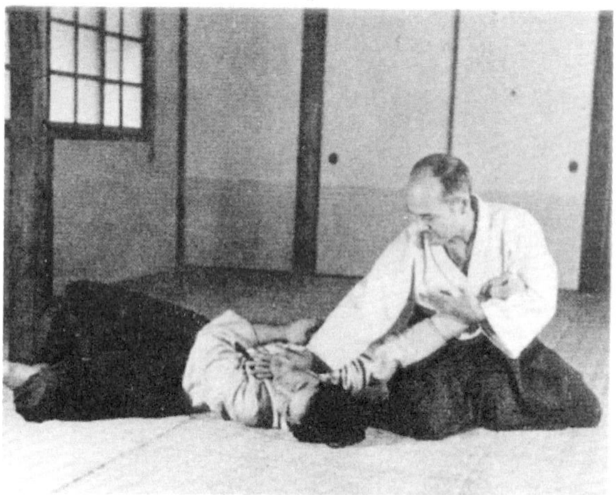

5

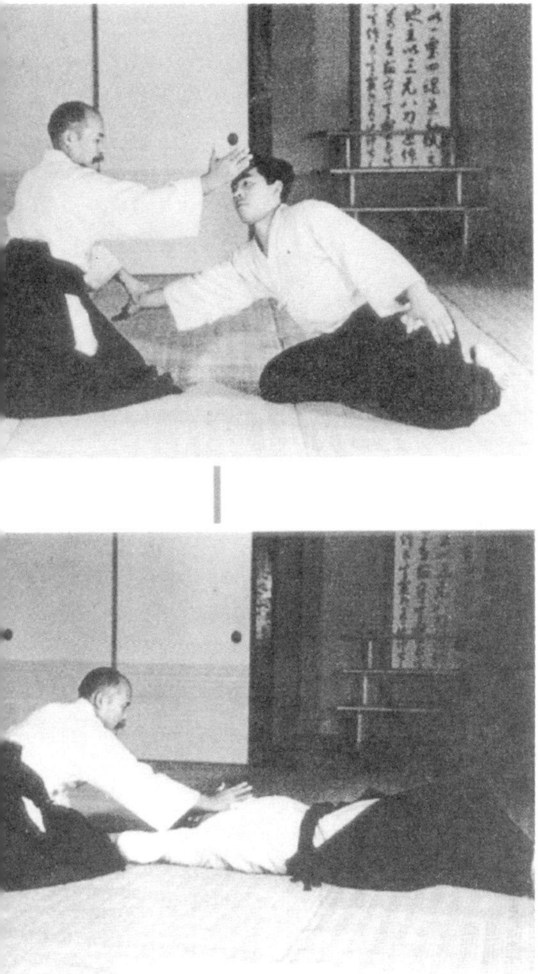

6

1

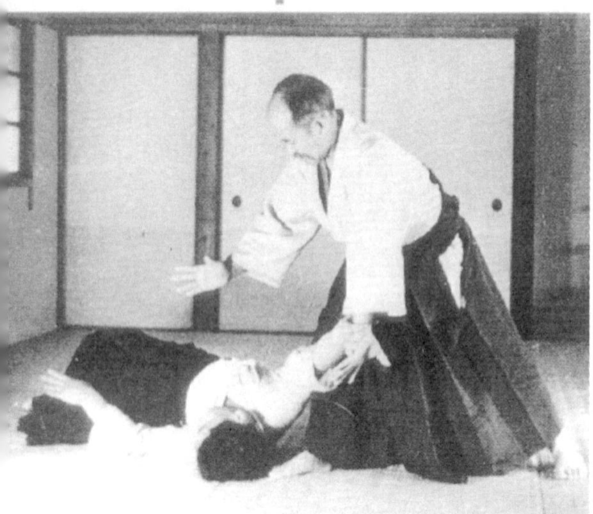

2

Kokyu-nage

1 Suwari-waza

2 Tachi-waza

(a posição inicial não foi mostrada)

3

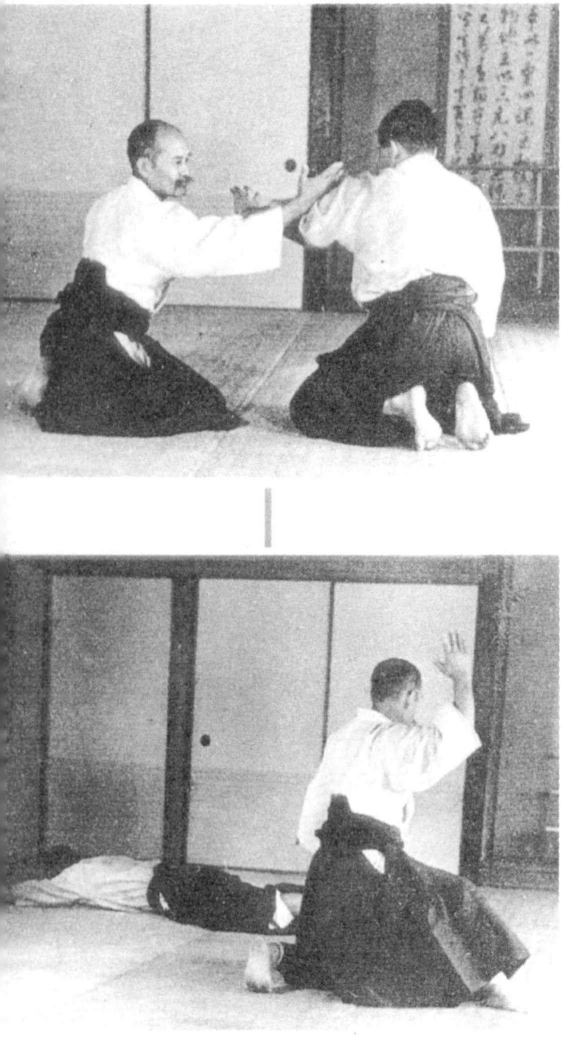

4

5 (para a frente)

6 (para trás)

(Wakayama)

7

8

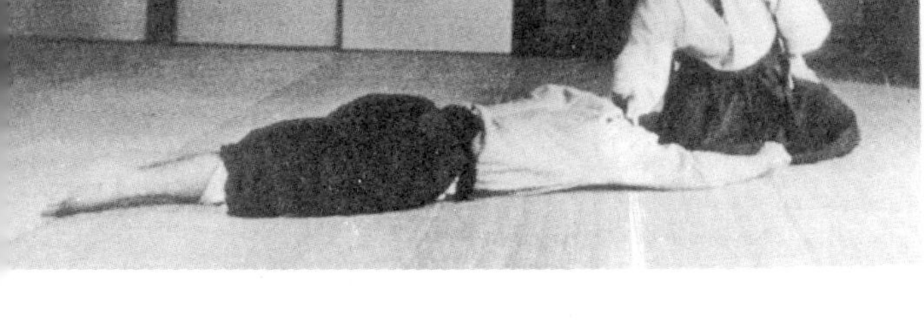

9

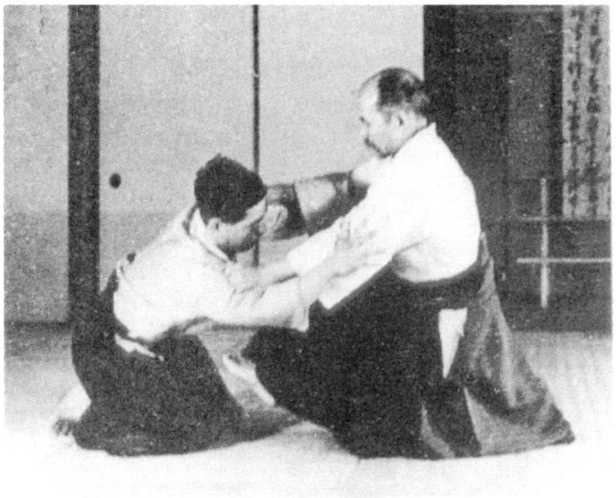

10

(segurando em posição inversa)

11

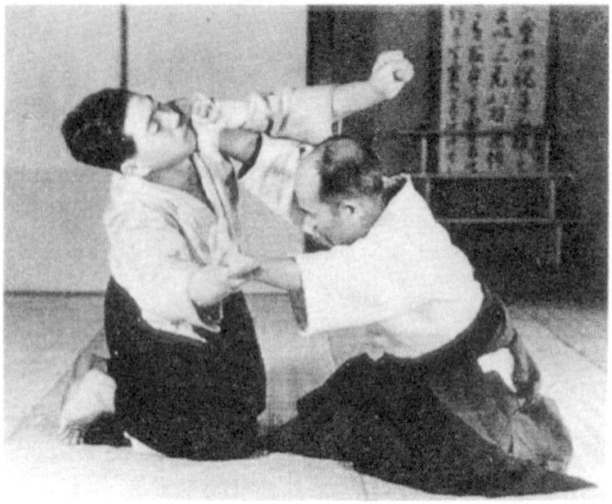

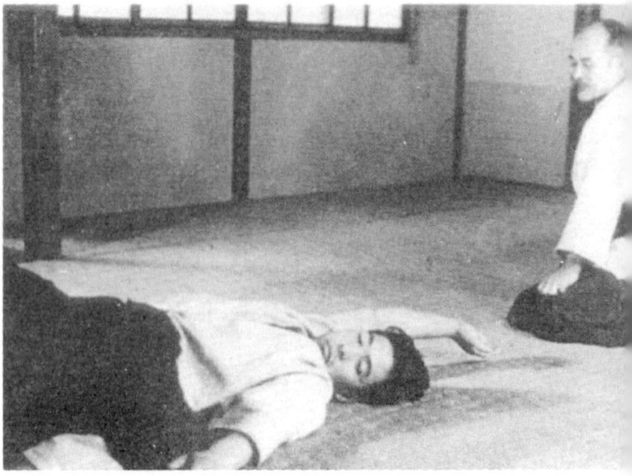

13

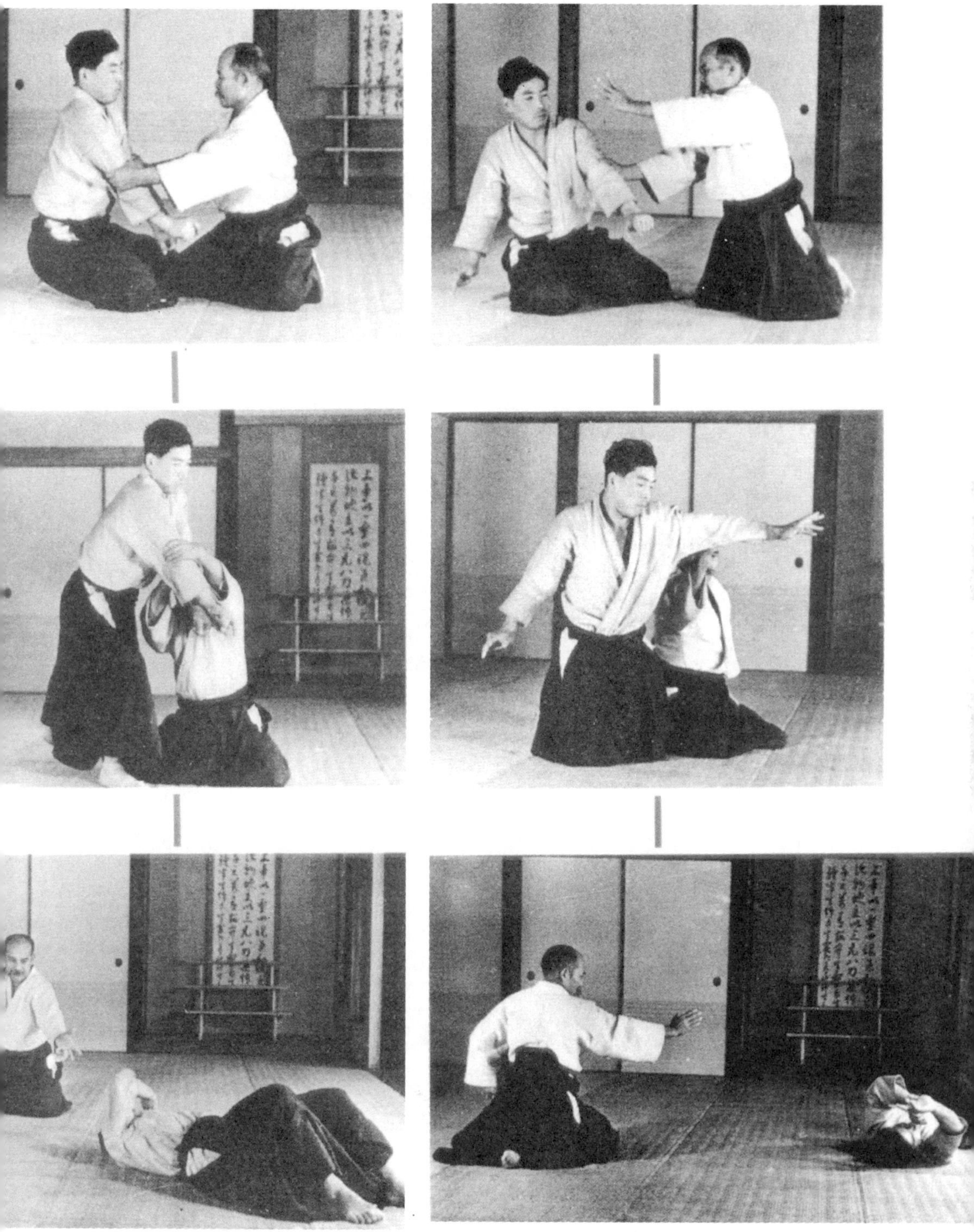

1

2 (sode-dori)

(ryote-dori)

1 (suwari)

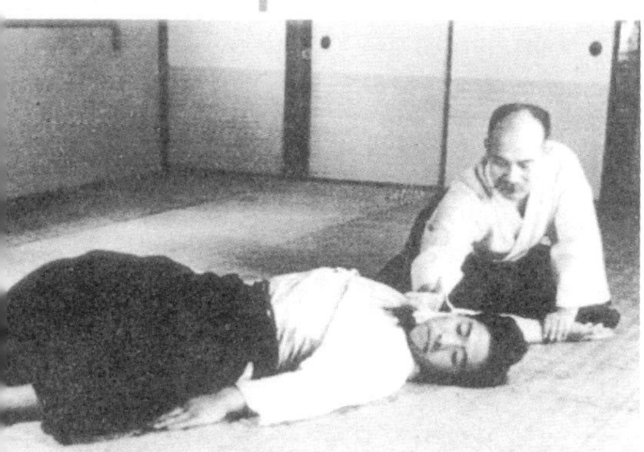

2 (tachi)

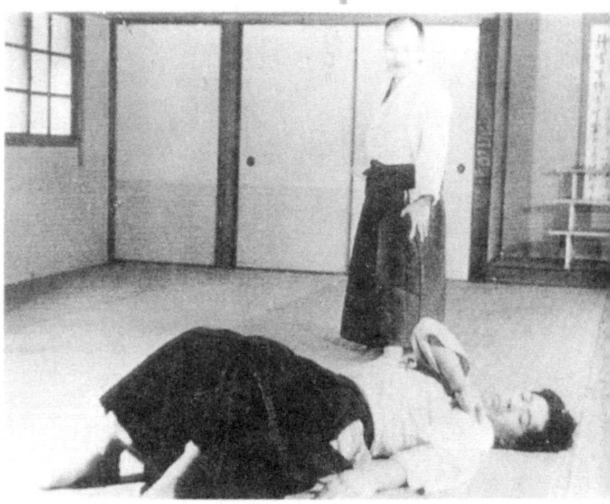

1

2

Ikkyo osae

Tachi-waza técnica básica

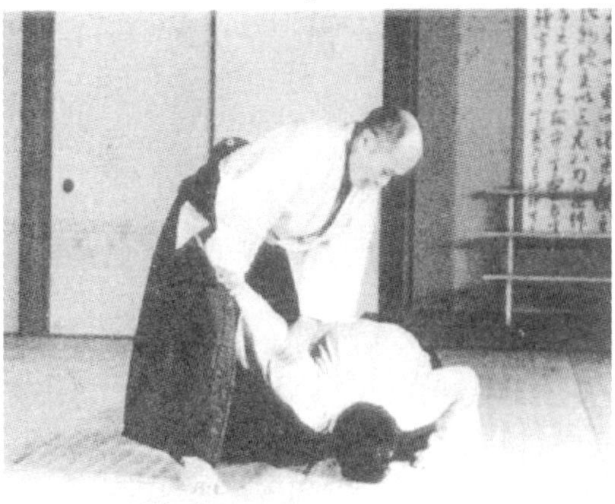

(mostrado em movimento reverso)

Variação (entrada pelo lado)

Ura-waza

(mostrado de um ângulo diferente)

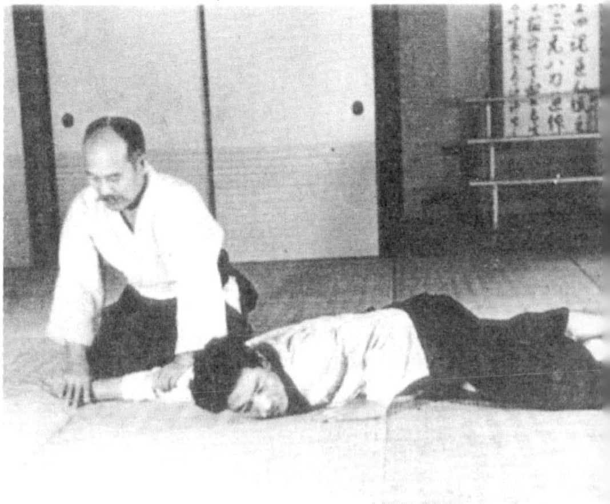

Kata-dori-ikkyo

(Wakayama)

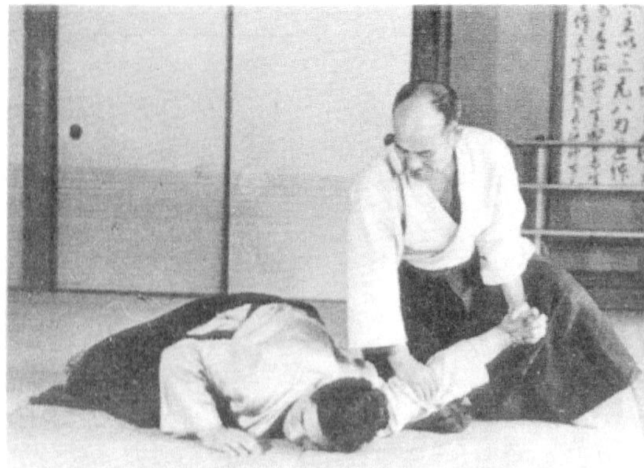

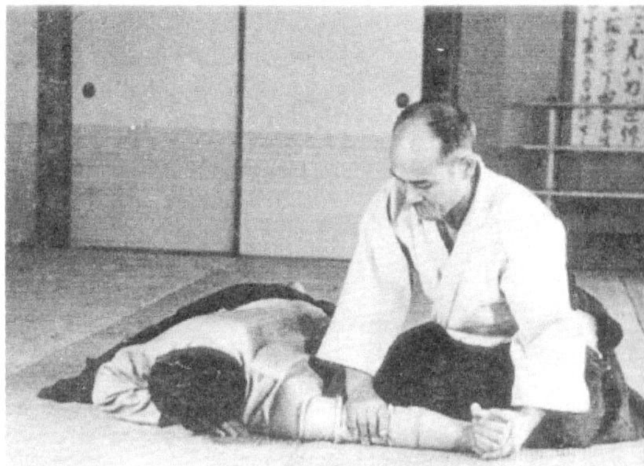

(Ikkyo-nage)

1

Variação da imobilização

2

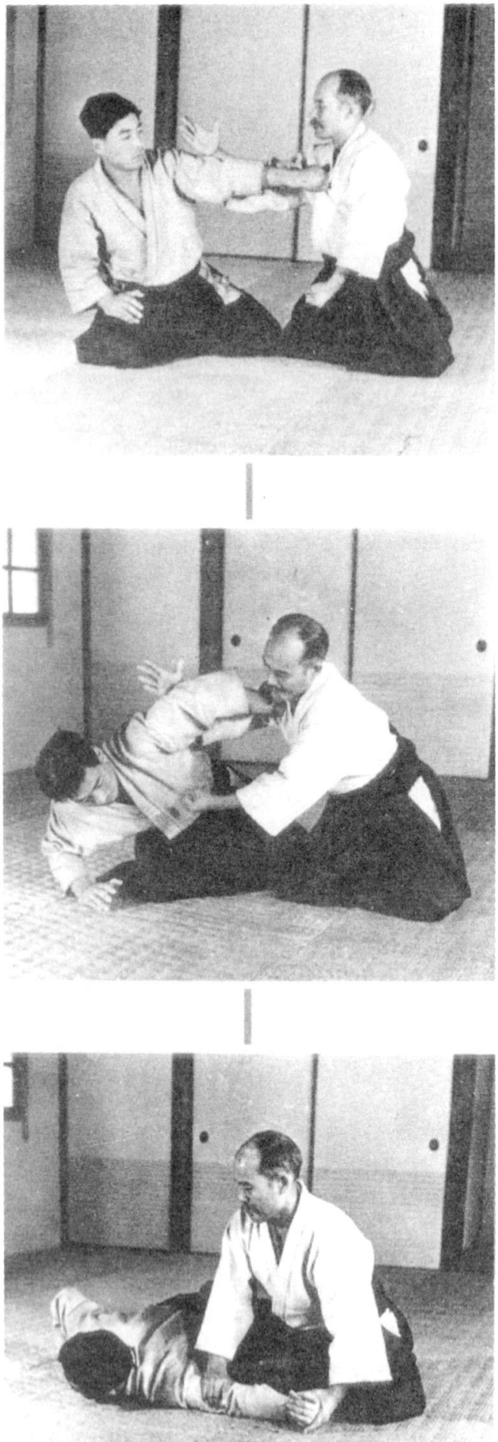

3

1

2

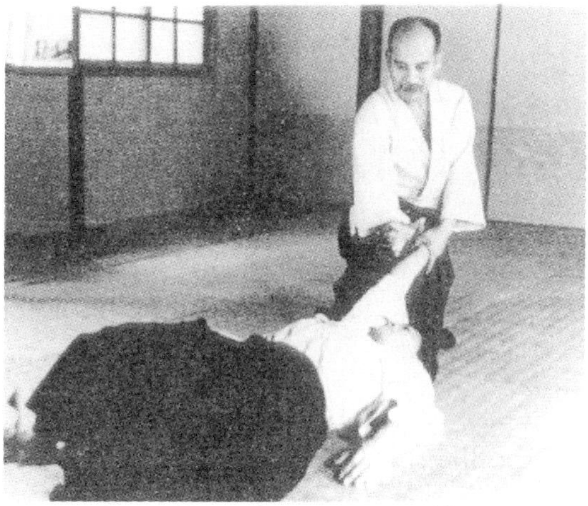

Variação (entrada pela lateral)

1

2

Ude-osae
Suwari-waza

1

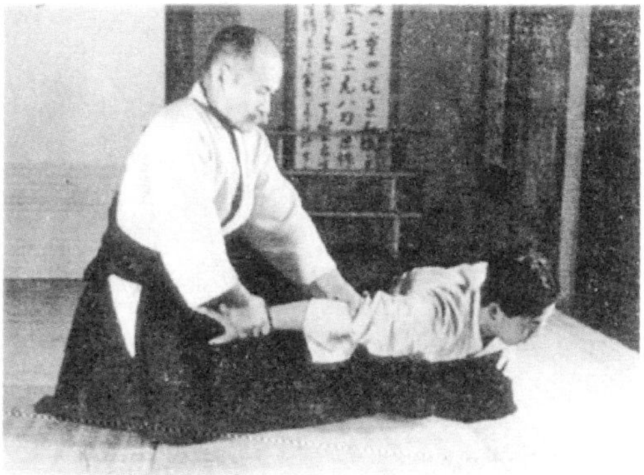

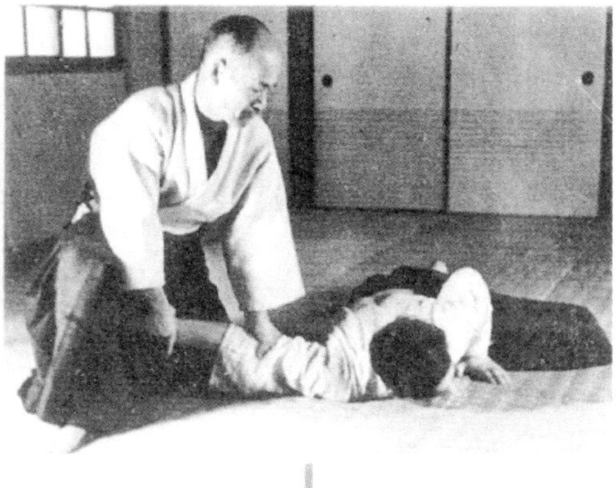

(segurando pelo lado inverso)

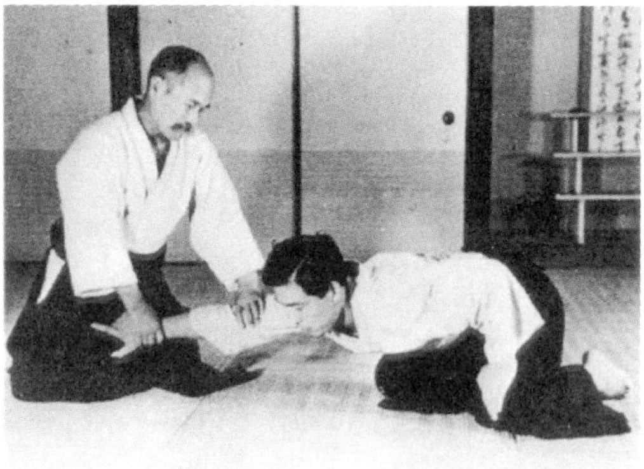

(Wakayama)

2

3

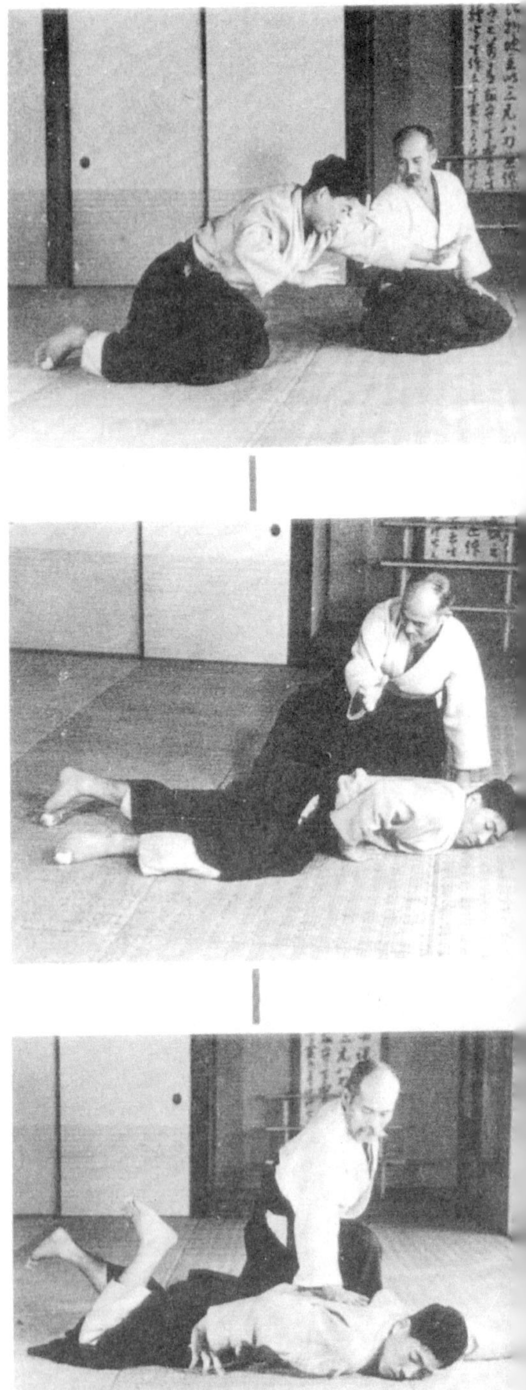

4

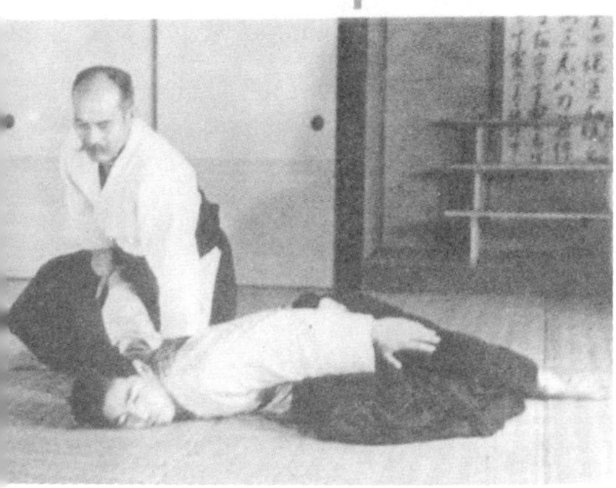

Variações de imobilização

1

2

3

1

2

Nikkyo osae
Suwari-waza

Técnica Básica

(a chave de *nikkyo*)

(visto de frente)

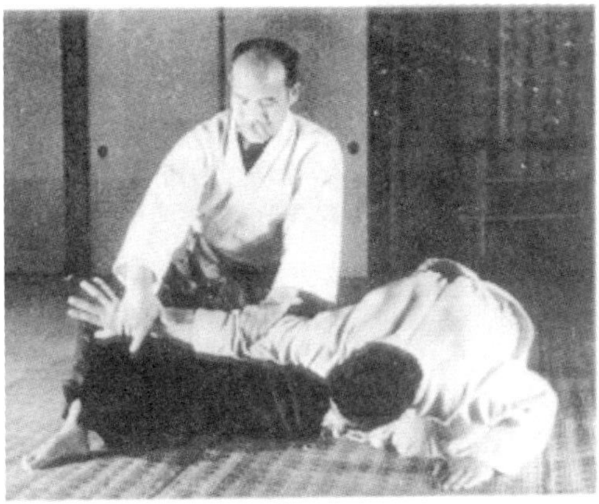

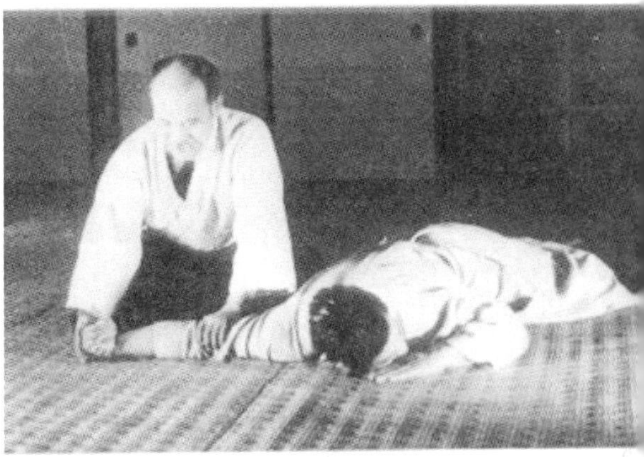

(Wakayama)

1

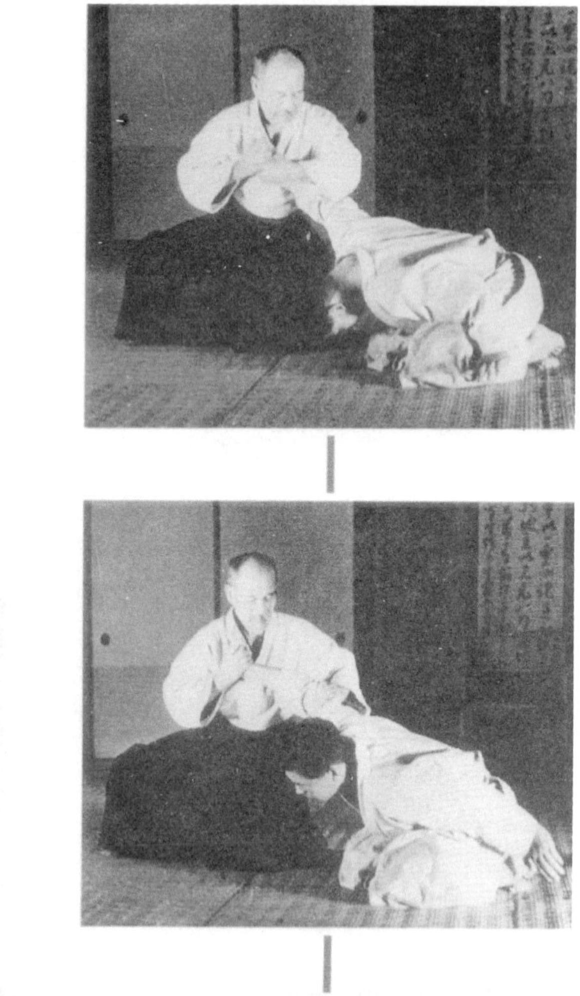

2

1

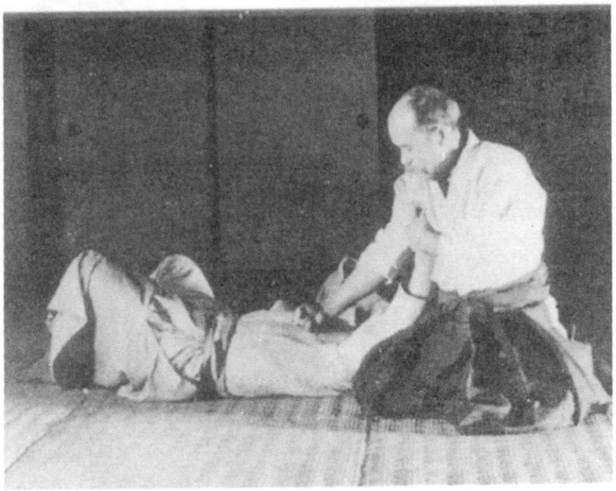

2

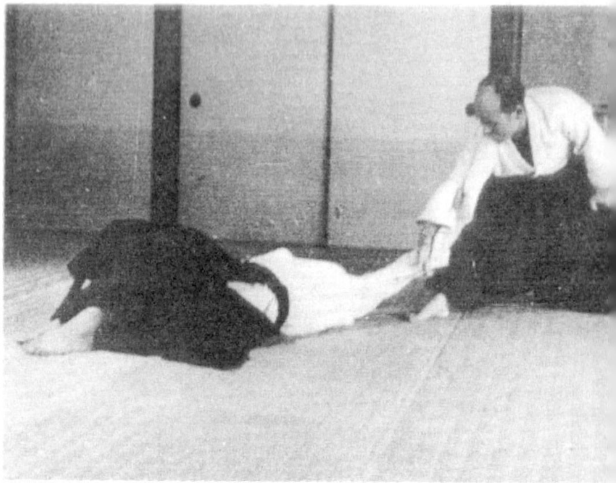

Hiji-jime osae

Suwari-waza

1 *2*

Juji-nage

Suwari-waza

1

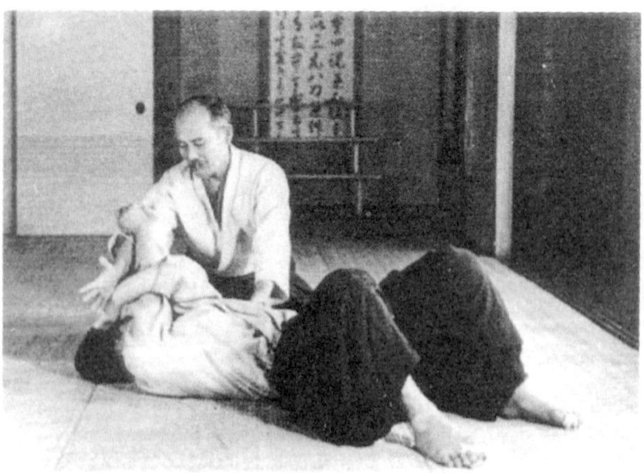

2 (Wakayama)

Kubi-nage

Suwari-waza

1

2 (Wakayama)

Koshi-nage

Suwari-waza

1

2

1

2

1

2

(*ganseki-otoshi*)

Ushiro-waza

1

(vista lateral)

2

3

4

5

(variação)